上海市工程建设规范

公路技术状况评定标准

Highway performance assessment standard

DG/TJ 08—2095—2024
J 12046—2023

主编单位：同济大学
　　　　　上海市道路运输事业发展中心
批准部门：上海市住房和城乡建设管理委员会
施行日期：2024 年 2 月 1 日

同济大学出版社

2024　上海

图书在版编目(CIP)数据

公路技术状况评定标准 / 同济大学,上海市道路运输事业发展中心主编. —上海:同济大学出版社,2024.7
ISBN 978-7-5765-1124-6

Ⅰ.①公… Ⅱ.①同… ②上… Ⅲ.①道路工程－技术评估－行业标准－中国 Ⅳ.①U41-65

中国国家版本馆 CIP 数据核字(2024)第 075377 号

公路技术状况评定标准

同济大学
上海市道路运输事业发展中心 主编

责任编辑 朱 勇
责任校对 徐春莲
封面设计 陈益平

出版发行 同济大学出版社 www.tongjipress.com.cn
(地址:上海市四平路1239号 邮编:200092 电话:021-65985622)

经	销	全国各地新华书店
印	刷	浦江求真印务有限公司
开	本	889mm×1194mm 1/32
印	张	2.75
字	数	69 000
版	次	2024 年 7 月第 1 版
印	次	2024 年 7 月第 1 次印刷
书	号	ISBN 978-7-5765-1124-6
定	价	30.00 元

本书若有印装质量问题,请向本社发行部调换　　版权所有　侵权必究

上海市住房和城乡建设管理委员会文件

沪建标定〔2023〕438号

上海市住房和城乡建设管理委员会 关于批准《公路技术状况评定标准》 为上海市工程建设规范的通知

各有关单位：

  由同济大学、上海市道路运输事业发展中心主编的《公路技术状况评定标准》，经我委审核，现批准为上海市工程建设规范，统一编号为 DG/TJ 08—2095—2024，自 2024 年 2 月 1 日起实施，原《公路技术状况评定规程》(DG/TJ 08—2095—2012) 同时废止。

  本标准由上海市住房和城乡建设管理委员会负责管理，同济大学负责解释。

上海市住房和城乡建设管理委员会
2023 年 8 月 21 日

前　言

根据上海市住房和城乡建设管理委员会《关于印发〈2021年上海市工程建设规范、建筑标准设计编制计划〉的通知》（沪建标定〔2020〕771号）的要求，编制组经广泛调查研究，认真总结实践经验，参考国家和行业相关技术标准、规范，并在广泛征求意见的基础上，修订了上海市工程建设规范《公路技术状况评定规程》。

2012年上海市发布的《公路技术状况评定规程》DG/TJ 08—2095—2012，对促进我市公路行业技术进步，指导公路养护管理工作，提升公路养护管理水平，发挥了重要作用。随着我市经济社会的快速发展、公路养护规模的不断扩大、公路出行需求的迅猛发展，《公路技术状况评定规程》许多章节也需要进一步完善和修订。本次修订总结了2012年以来上海市公路技术状况检测评定的经验，吸收了目前先进成熟的新技术和新方法，在工程化示范应用的基础上，进一步完善了上海市公路技术状况检测评定的方法、指标体系、模型、参数及有关规定。

修订后，本标准的主要内容包括总则、术语、公路技术状况评定指标、公路技术状况评定等级、公路损坏分类、公路技术状况检测与调查、公路技术状况评定等7章和3个附录。主要修订内容如下：

（1）将《公路技术状况评定规程》调整为《公路技术状况评定标准》。

（2）增加了路面跳车指数和路面磨耗指数两项技术指标。

（3）调整了高速公路和水泥混凝土路面有关指标的等级划分标准。

（4）删除了路基损坏类型中路肩边沟不洁的内容。

（5）删除了养护规定值的内容。

（6）部分取消了依据行政级别等级的检测与调查的频率与密度划分方式。

（7）调整了部分评价指标的模型及参数。

（8）增加了路面自动化检测的有关规定及路面破损率计算方法。

（9）增加了路面跳车计算方法。

（10）增加了路面弯沉标准值计算方法。

各单位及相关人员在执行本标准过程中，请注意总结经验、积累资料，并将有关意见和建议反馈至上海市道路运输管理局（地址：上海市浦东南路3500号尚博金融中心1号楼6楼；邮编：200125；E-mail：jgkc@jtw.shanghai.gov.cn），同济大学（地址：上海市曹安公路4800号；邮编：201800；E-mail：zchen@tongji.edu.cn），上海市建筑建材业市场管理总站（地址：上海市小木桥路683号；邮编：200032；E-mail：shgcbz@163.com），以供今后修订时参考。

主 编 单 位：同济大学
　　　　　　　上海市道路运输事业发展中心
参 编 单 位：上海市浦东新区道路运输事业发展中心
　　　　　　　上海市奉贤区交通建设管理中心
　　　　　　　上海城建城市运营(集团)有限公司
主要起草人：陈　长　　姚颖东　　武文杰　　黄慰里　　李天旭
　　　　　　杨震宇　　杨璐璐　　张　毅　　高文堃　　俞小玲
　　　　　　夏　平　　滕　丽　　彭崇梅　　韦学健　　谢　懿
主要审查人：朱惠君　　王海荣　　谢祖平　　范筱洁　　汪维恒
　　　　　　王一如　　李志明

上海市建筑建材业市场管理总站

目 次

1 总　则 ·· 1
2 术　语 ·· 2
3 公路技术状况评定指标 ·· 5
4 公路技术状况评定等级 ·· 6
5 公路损坏分类 ··· 7
　5.1 路　基 ·· 7
　5.2 沥青路面 ·· 11
　5.3 水泥混凝土路面 ·· 13
　5.4 桥隧构造物 ·· 15
　5.5 沿线设施 ·· 16
6 公路技术状况检测与调查 ·· 18
　6.1 一般规定 ·· 18
　6.2 路基技术状况检测与调查 ·· 18
　6.3 路面技术状况检测与调查 ·· 19
　6.4 桥隧构造物技术状况检测与调查 ···························· 21
　6.5 沿线设施技术状况检测与调查 ································ 21
　6.6 检测与调查频率 ·· 21
7 公路技术状况评定 ·· 25
　7.1 一般规定 ·· 25
　7.2 公路技术状况(MQI)评定 ··· 25
　7.3 路基技术状况(SCI)评定 ··· 26
　7.4 路面技术状况(PQI)评定 ··· 28
　7.5 桥隧构造物技术状况(BCI)评定 ······························· 35
　7.6 沿线设施技术状况(TCI)评定 ··································· 36

7.7 综合评定 ……………………………………………… 37
附录 A 公路技术状况调查及评定表 …………………… 38
附录 B 路面跳车计算方法 ……………………………… 47
附录 C 路面弯沉标准值计算方法 ……………………… 48
本标准用词说明 …………………………………………… 50
引用标准名录 ……………………………………………… 51
标准上一版编制单位及人员信息 ………………………… 52
条文说明 …………………………………………………… 53

Contents

1 General provisions ··· 1
2 Terms and definitions ·· 2
3 Highway performance assessment indicator system ········· 5
4 Rating of highway performance ······························ 6
5 Types of road defects ··· 7
   5.1 Subgrade ··· 7
   5.2 Asphalt pavement ···································· 11
   5.3 Cement concrete pavement ························· 13
   5.4 Bridge, tunnel and culvert ························· 15
   5.5 Traffic safety devices ······························ 16
6 Highway condition survey and inspection ·················· 18
   6.1 General ·· 18
   6.2 Survey and inspection of subgrade condition ········· 18
   6.3 Survey and inspection of pavement condition ······ 19
   6.4 Survey and inspection of the condition of structural work ·· 21
   6.5 Survey and inspection of the condition of traffic safety devices ·· 21
   6.6 Frequency of survey and inspection ················· 21
7 Highway performance assessment ··························· 25
   7.1 General ·· 25
   7.2 Assessment of highway maintenance quality (MQI) ·· 25
   7.3 Assessment of subgrade condition (SCI) ············ 26

7.4 Assessment of pavement maintenance quality (PQI) 28
7.5 Assessment of bridge, tunnel and culvert condition (BCI) 35
7.6 Assessment of traffic safety device condition (TCI) 36
7.7 Comprehensive assessment 37
Appendix A Tables for highway condition survey and inspection 38
Appendix B Calculation of pavement bumpiness 47
Appendix C Method for determining the standard value of pavement deflection 48
Explanation of wording in this standard 50
List of quoted standards 51
Standard-setting units and personnel of the previous version 52
Explanation of provisions 53

1 总　则

1.0.1 为加强公路养护管理工作,科学评定公路技术状况和服务水平,促进公路技术状况检测和评定工作的科学化、规范化和制度化,修订本标准。

1.0.2 本标准适用于本市各级公路的技术状况评定。

1.0.3 各级公路行政管理部门和公路管理机构,应根据公路技术状况评定结果,科学编制公路养护规划和计划,积极实施预防养护,应加强对公路技术状况评定工作的监督,建立和完善相关规章制度,提高公路养护管理技术水平。

1.0.4 公路技术状况评定工作,应遵循客观、科学和高效的原则,积极采用先进的检测和评价手段,保证检测与评定结果准确可靠。

1.0.5 公路技术状况的检测和评定,除按本标准规定执行外,尚应符合国家、行业和本市现行有关标准的规定。

2 术 语

2.0.1 公路技术状况指数 highway maintenance quality indicator (MQI)

由路基技术状况指数、路面技术状况指数、桥隧构造物技术状况指数和沿线设施技术状况指数通过加权计算得出的公路技术状况综合评价指标,简称 MQI,无量纲,百分制。

2.0.2 路基技术状况指数 subgrade condition index (SCI)

根据路段内各种不同类型、程度的路基损坏扣分按规定计算的路基技术状况评价指标,表证路基的完好程度,简称 SCI,无量纲,百分制。

2.0.3 路面技术状况指数 pavement maintenance quality index (PQI)

用于综合评价路面损坏、路面平整度、路面车辙、路面跳车、路面抗滑性能、路面磨耗和路面结构强度技术状况的指标,简称 PQI,无量纲,百分制。

2.0.4 路面破损率 pavement distress ratio (DR)

路段内各种不同类型、程度的路面损坏折合面积之和与路面调查面积的比值,简称 DR,以百分比(%)计。

2.0.5 路面损坏状况指数 pavement surface condition index (PCI)

根据路面破损率按规定计算的路面损坏状况评价指标,表征路面的完好程度,简称 PCI,无量纲,百分制。

2.0.6 国际平整度指数 international roughness index (IRI)

世界银行 1982 年在巴西进行大规模的路面平整度试验的基础上提出了一项标准化的平整度指数。采用数学模型以 1/4 车(即单轮,类似于拖车)以规定速度行驶在路面断面上,分析行驶距离内由于动态反应悬挂系的累积竖向位移量,简称 IRI,以 m/km 计。

2.0.7 路面行驶质量指数 pavement riding quality index (RQI)

根据国际平整度指数规定计算的路面行驶质量评价指标,表征路面的行驶质量或行驶舒适性,简称 RQI,无量纲,百分制。

2.0.8 路面车辙深度 pavement rutting depth (RD)

路面经车辆反复行驶产生流动变形、磨损、沉陷后,在车行道行车轮迹上产生的纵向带状凹槽的深度,简称 RD,以 mm 计。

2.0.9 路面车辙深度指数 pavement rutting depth index (RDI)

根据路面车辙深度按规定计算的路面车辙深度评价指标,表征路面的横向平整程度,简称 RDI,无量纲,百分制。

2.0.10 路面跳车指数 pavement bumping index (PBI)

根据路面纵断面高差按规定计算的路面跳车评价指标,表征路面的跳车程度,简称 PBI,无量纲,百分制。

2.0.11 摆值 british pendulum number (BPN)

用摆式摩擦系数测定仪测试路面在潮湿条件下的摩擦系数表征值,为摩擦系数的 100 倍,简称 BPN,无量纲。

2.0.12 路面横向力系数 side-way force coefficient (SFC)

与行车方向成 20°偏角的测定轮以一定速度行驶时,专用轮胎与潮湿路面之间的测试轮轴向摩擦阻力与垂直荷载的比值,简称 SFC,无量纲。

2.0.13 路面抗滑性能指数 pavement skidding resistance index (SRI)

根据路面横向力系数按规定计算的路面抗滑性能评价指标,表征路面的抗滑能力,简称 SRI,无量纲,百分制。

2.0.14 路面构造深度 pavement mean profile depth (MPD)

路面表面骨料间形成的空隙深度,简称 MPD,以 mm 计。

2.0.15 路面磨耗指数 pavement surface wearing index (PWI)

根据路面构造深度按规定计算的路面磨耗评价指标,表征路面的磨耗程度,简称 PWI,无量纲,百分制。

2.0.16 路面结构强度系数 pavement structure strength ratio (SSR)

路面弯沉标准值与路面实测代表弯沉值的比值,简称 SSR,无量纲,百分制。

2.0.17 路面结构强度指数 pavement structure strength index (PSSI)

根据路面结构强度系数按规定计算的路面结构强度评价指标,表征路面结构的整体强度,简称 PSSI,无量纲,百分制。

2.0.18 桥隧构造物技术状况指数 bridge, tunnel and culvert condition index (BCI)

根据路段内所有桥梁、隧道、涵洞的技术状况检查评定等级按规定计算的桥隧构造物技术状况评价指标,表征桥隧构造物的完好程度,简称 BCI,无量纲,百分制。

2.0.19 沿线设施技术状况指数 traffic-facility condition index (TCI)

根据路段内各种沿线设施不同类型、程度的损坏扣分按规定计算的沿线设施技术状况评价指标,表征沿线设施的完好程度,简称 TCI,无量纲,百分制。

3 公路技术状况评定指标

3.0.1 公路技术状况评定应采用公路技术状况指数 MQI 和相应分项指标——路基技术状况指数 SCI、路面技术状况指数 PQI、桥隧构造物技术状况指数 BCI 和沿线设施技术状况指数 TCI。

3.0.2 公路技术状况指标体系见图 3.0.2。公路技术状况指数 MQI 和相应分项指标值域为 0～100。

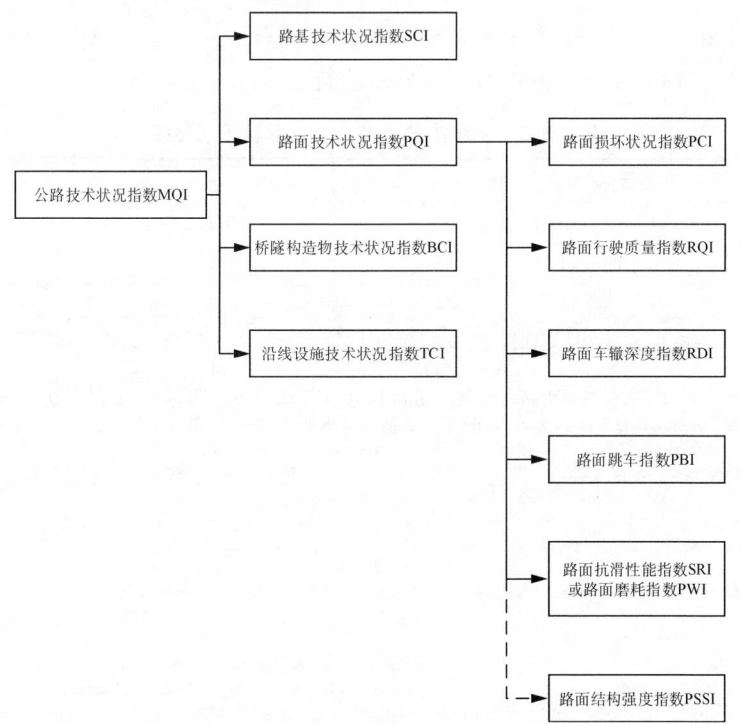

图 3.0.2 公路技术状况指标体系

4 公路技术状况评定等级

4.0.1 公路技术状况分为优、良、中、次、差五个等级。公路技术状况等级划分标准应符合表4.0.1的规定。

表4.0.1 公路技术状况等级划分标准

评定指标	优	良	中	次	差
MQI	≥90	≥80,<90	≥70,<80	≥60,<70	<60

4.0.2 公路技术状况各分项指标分为优、良、中、次、差五个等级。各分项指标的等级划分标准应符合表4.0.2的规定。

表4.0.2 公路技术状况分项指标等级划分标准

评定指标	优	良	中	次	差
SCI、PQI、BCI、TCI	≥90	≥80,<90	≥70,<80	≥60,<70	<60
PCI、RQI、RDI、SRI、PBI、PWI、PSSI	≥90	≥80,<90	≥70,<80	≥60,<70	<60

注:1. 高速公路路面损坏状况指数PCI等级划分标准,"优"应为PCI≥92,"良"应为80≤PCI<92,其他保持不变。
2. 水泥混凝土路面行驶质量指数RQI等级划分标准,"优"应为RQI≥88,"良"应为80≤RQI<88,其他保持不变。

5 公路损坏分类

5.1 路 基

5.1.1 路基损坏分为路肩损坏、边坡坍塌、水毁冲沟、路基构造物损坏、路缘石缺损、路基沉降和排水不畅七类;各类损坏按损坏的严重程度分级,共为 18 项。其中,路肩损坏包括砂石或土路肩、沥青类路肩和人行道、水泥混凝土类路肩和人行道、水泥混凝土预制块类(含植草砖)路肩和人行道。

5.1.2 各类(项)路基损坏的定义、分级指标及计量方法应符合表 5.1.2-1 的规定。

表 5.1.2-1 路基损坏类型、定义、分级指标及计量方法

(面积单位:m²;长度单位:m)

损坏类型	分级	定义	分级指标	计量方法
路肩损坏	轻	路肩(包括人行道)上出现的各种损坏,损坏类型应符合表 5.1.2-2 的规定	—	按面积计量
	重			
边坡坍塌	轻	路堤、路堑边坡表面松散及破碎引起的边坡坡面局部坍塌	长度<5 m	按处计量
	中		5 m≤长度≤10 m	
	重		长度>10 m	
水毁冲沟	轻	边坡由于雨水冲刷形成冲沟	深度<0.2 m	按处计量
	中		0.2 m≤深度≤0.5 m	
	重		深度>0.5 m	

续表5.1.2-1

损坏类型	分级	定义	分级指标	计量方法
路基构造物损坏	轻	挡墙等圬工体出现的表面、局部和结构等损坏	勾缝损坏、沉降缝损坏、表面破损、钢筋外露和锈蚀等	按处计量；每10 m计1处，不足10 m按1处计量
	中		局部基础掏空、墙体脱空、轻度裂缝、鼓肚、下沉等	
	重		整体开裂、倾斜、滑移、倒塌等	按处计量
路缘石缺损	—	路缘石缺失或损坏	—	按长度计量
路基沉降	轻	深度大于30 mm的路基沉降	长度<5 m	按处计量
	中		0.5 m≤长度≤10 m	
	重	深度大于30 mm的路基沉降或桥头引道严重不均匀沉降	长度>10 m或不符合表5.1.2-3的规定	按处计量
排水不畅	轻	边沟、排水沟、截水沟、雨水进出口、排水管道等排水系统存在杂物、垃圾	—	按处计量；每10 m计1处，不足10 m按1处计量
	中	边沟、排水沟、截水沟、雨水进出口、排水管道等排水系统全截面堵塞，出现衬砌剥落、破损、圬工体破裂、管道损坏、雨水进出口井盖缺损等	—	
	重	路基排水系统与外部排水系统不连通或边沟、排水沟、截水沟、雨水进出口、排水管道等排水系统出现严重损坏	—	按处计量

表 5.1.2-2 路肩损坏类型、定义、分级指标及计量方法

(面积单位:m²;长度单位:m)

损坏类型		分级	定义	分级指标	计量方法
砂石、土路肩	横坡不适	轻	横坡不大于1%或路肩不平整影响排水	—	按路肩全宽度面积计量
	沉陷	轻	表面深度大于30 mm的局部凹陷	—	
	坑槽	重	表面深度大于30 mm、直径大于100 mm的坑洞	—	
沥青类路肩和人行道	龟裂	轻	龟裂状态明显,裂缝区有轻度散落或轻度变形	0.2 m<主要块度≤0.5 m 主要缝宽≤2 mm	按面积计量
		重	龟裂特征显著,裂缝区变形明显、散落严重	主要块度≤0.2 m 主要缝宽>5 mm	
	块状裂缝	轻	裂缝区缝壁无明显散落	大部分块度>1.0 m 主要缝宽≤3 mm	按面积计量
		重	裂缝区缝壁有明显散落	0.5 m<主要块度≤1.0 m 主要缝宽>3 mm	
	纵、横向裂缝	轻	裂缝壁无明显散落、支缝	缝宽≤3 mm	按长度计量
		重	裂缝壁有明显散落、支缝	主要缝宽>3 mm	
	坑槽	轻	坑浅	有效坑槽面积≤0.1 m²	按面积计量
		重	坑深	有效坑槽面积>0.1 m²	
	松散	重	表面集料散失、脱皮、麻面、露骨,表面剥落、有小坑洞	—	按面积计量
	沉陷	重	表面深度大于25 mm的局部下沉	—	按面积计量
	波浪拥包	重	波峰波谷高差大于25 mm	—	按面积计量

续表5.1.2-2

损坏类型		分级	定义	分级指标	计量方法
沥青类路肩和人行道	泛油	轻	表面沥青被挤出或表面被沥青膜覆盖形成发亮的薄油层	—	按面积计量
	翻浆	重	表面出现冒浆,不均匀起伏和破裂现象	—	按面积计量
水泥混凝土类路肩和人行道	破碎	重	贯穿裂缝将板分割为3块及3块以上	—	按面积计量
	纵、横向裂缝及斜向裂缝（板角断裂）	轻	板块上只有未贯穿裂缝或仅有1条贯穿裂缝,边缘有碎裂	缝宽≤10 mm	按长度计量
		重	板块上只有未贯穿裂缝或仅有1条贯穿裂缝,边缘有碎裂、错台	缝宽>10 mm	
	错台	重	接缝两边出现的高度大于10 mm的高差	—	按长度计量
	接缝料损坏	轻	接缝内无填料,被砂石、土填塞;长度超过1/3接缝长度	—	按长度计量
	坑洞	重	板面出现有效直径大于3 cm、深度大于1 cm的局部坑洞	—	按面积计量
水泥混凝土预制块类（含植草砖）路肩和人行道	接缝料散失	轻	接缝料散失深度超过预制块厚度的1/2	—	按长度计量
	预制块松动	轻	预制块松动,尚未与周边预制块产生明显高度差	—	按预制块面积计量
	预制块错台	重	预制块与周边预制块高度差超过10 mm	—	按预制块面积计量
	预制块跳出	重	整块或破碎预制块跳出原路肩和人行道表面	—	按预制块面积计量
	预制块破碎	重	预制块断裂、破碎	—	按预制块面积计量
	预制块沉陷、隆起	重	局部预制块沉陷、隆起超过30 mm	—	按预制块面积计量

表 5.1.2-3 桥头引道严重不均匀沉降指标

序号	设计车速（km/h）	马鞍型桥头引道沉降纵坡最大坡差(‰)	错台型桥头引道沉降最大错台量(mm)
1	120	≤5.0	≤12
2	100	≤7.5	≤15
3	80	≤11.5	≤20
4	60	≤21.0	≤26

5.2 沥青路面

5.2.1 沥青路面损坏分为裂缝类、松散类、变形类和其他类等四大类12小类；其中，裂缝类损坏包括龟裂、块状裂缝、纵向裂缝、横向裂缝等小类，松散类损坏包括坑槽、松散等小类，变形类损坏包括沉陷、车辙、波浪拥包等小类，其他类损坏包括泛油、翻浆、修补等小类；各类损坏按损坏的严重程度分级，共为23项。

5.2.2 各类（项）沥青路面损坏的定义、分级指标及计量方法应按表5.2.2的规定。

表 5.2.2 沥青路面损坏类型、定义、分级指标及计量方法

（面积单位：m^2；长度单位：m）

损坏类型		分级	定义	分级指标	计量方法
裂缝类	龟裂	轻	初期裂缝，裂区无变形、无散落，缝细	0.2 m≤主要裂缝块度≤0.5 m 平均缝宽<2 mm	按面积计量；相邻龟裂的间距小于龟裂损坏区域的同向尺寸时，应按连续面积计量
裂缝类	龟裂	中	龟裂的发展期，龟裂状态明显，裂缝区有轻度散落或轻度变形	主要裂缝块度<0.2 m 2 mm≤平均缝宽≤5 mm	
裂缝类	龟裂	重	龟裂特征显著，裂块较小，裂缝区变形明显、散落严重	主要裂缝块度<0.2 m 平均缝宽>5 mm	

续表5.2.2

损坏类型		分级	定义	分级指标	计量方法
裂缝类	块状裂缝	轻	缝细,裂缝区无散落	主要裂缝块度>1.0 m 1 mm≤平均缝宽≤2 mm	按面积计量;相邻块状裂缝的间距小于块状裂缝损坏区域的同向尺寸时,应按连续面积计量
		重	缝宽,裂缝区有散落	0.5 m≤主要裂缝块度≤1.0 m 平均缝宽>2 mm	
	纵向裂缝	轻	缝细,裂缝壁无散落或有轻微散落,无支缝或有少量支缝	主要缝宽≤3 mm	按长度×0.2 m计量
		重	缝宽,裂缝壁有散落,有支缝	主要缝宽>3 mm	
	横向裂缝	轻	缝细,裂缝壁无散落或有轻微散落	主要缝宽≤3 mm	按长度×0.2 m计量
		重	缝宽,裂缝贯通整个路面,裂缝壁有散落并伴有少量支缝	主要缝宽>3 mm	
松散类	坑槽	轻	坑浅,面积小	坑槽深度<25 mm 或坑槽面积<0.1 m²	按面积计量;相邻坑槽的间距小于坑槽损坏区域的同向尺寸时,应按连续面积计量
		重	坑深,面积较大	坑槽深度≥25 mm 或坑槽面积≥0.1 m²	
	松散	轻	路面表面细集料散失、脱皮、麻面等表面损坏	—	按面积计量
		重	路面表面粗集料散失、脱皮、麻面、露骨,表面剥落	—	
变形类	沉陷	轻	路面局部下沉,深度浅,行车无明显颠簸感	10 mm≤深度≤25 mm	按面积计量
		重	路面局部下沉,深度深,正常行车有明显颠簸感	深度>25 mm	

续表5.2.2

损坏类型		分级	定义	分级指标	计量方法
变形类	车辙	轻	轮迹处纵向带状辙槽，辙槽浅	10 mm≤深度≤15 mm	按长度×0.4 m计量
		重	轮迹处纵向带状辙槽，辙槽较深	深度>15 mm	
	波浪拥包	轻	波峰波谷高差小	10 mm≤高差≤25 mm	按面积计量
		重	波峰波谷高差大	高差>25 mm	
其他类	泛油	—	沥青路面表面出现的薄油层	—	按面积计量
	翻浆	轻	路面出现冒浆现象	—	按面积计量；相邻翻浆的间距小于翻浆损坏区域的同向尺寸时，应按连续面积计量
		重	路面出现冒浆现象，并伴有不均匀起伏或破裂	—	
	修补	—	裂缝、坑槽、松散、沉陷、车辙等损坏的修复；长度大于50 m的高速公路整车道修补或长度大于20 m普通公路整车道修补不计为路面修补损坏	—	块状修补按面积计算；条状修补按长度×0.2 m计量。修补范围内再次发生的损坏，应按新的损坏类型计算

注：纵向指与行车方向平行的方向，横向指与行车方向垂直的方向；按面积计量的路面损坏，损坏面积指包含单个损坏或按规定连续计量的相邻损坏，且边长垂直或平行于道路轴线的矩形面积。

5.3 水泥混凝土路面

5.3.1 水泥混凝土路面损坏分为断裂类、接缝类和表层类等三大类11小类；其中，断裂类损坏包括破碎板、裂缝、板角断裂等小类，接缝类损坏包括错台、唧泥、边角剥落、接缝料损坏、拱起等小类，表层类损坏包括坑洞、露骨（包括层状剥落）、修补等小类；各类损坏按损坏的严重程度分级,共为20项。

5.3.2 各类(项)水泥混凝土路面损坏的定义、分级指标及计量方法应按表5.3.2的规定。

表5.3.2 水泥混凝土路面损坏类型、定义、分级指标及计量方法

(面积单位:m^2;长度单位:m)

损坏类型		分级	定义	分级指标	计量方法
断裂类	破碎板	轻	板块被裂缝分为3块及以上	未发生松动和沉陷	按板块面积计量
		重		有松动、沉陷和唧泥等现象	
	裂缝	轻	板块上有未贯穿裂缝或仅有1条贯穿裂缝,包括横向、纵向和不规则的斜裂缝等	边缘无剥落,一般为未贯穿裂缝	按长度×1.0 m计量
		中		边缘有碎裂	
				主要缝宽<3 mm	
				3 mm≤主要缝宽≤10 mm	
		重		边缘有碎裂并伴有错台出现	
				主要缝宽>10 mm	
	板角断裂	轻	裂缝与纵横接缝相交,且交点距板角小于或等于板边长度一半的损坏	边缘无碎裂、错台,填封良好	按面积计量
				主要缝宽<3 mm	
		中		边缘有碎裂	
				3 mm≤主要缝宽≤10 mm	
		重		边缘严重碎裂	
				主要缝宽>10 mm	
接缝类	错台	轻	接缝两边出现的高差	5 mm≤高差≤10 mm	按长度×1.0 m计量
		重		高差>10 mm	
	唧泥	—	板块接缝处有基层泥浆涌出		按长度×1.0 m计量
	边角剥落	轻	沿接缝方向的板边碎裂和脱落,裂缝面和板面成一定角度	板边上的碎裂和脱落	—
		中		板边上的碎裂和脱落,接缝附近水泥混凝土有开裂	按长度×1.0 m计量
		重		板边上的碎裂和脱落,接缝附近水泥混凝土多处开裂,开裂深度超过接缝槽底部	—

续表5.3.2

损坏类型		分级	定义	分级指标	计量方法
接缝类	接缝料损坏	轻	填料老化、不密水,尚未剥落脱空,未被砂、石、泥土等填塞	—	按长度×1.0 m计量
		重	1/3以上接缝出现空缝或被砂、石、土填塞	—	
	拱起	—	横缝两侧的板体发生明显抬高	高度>10 mm	按拱起所涉及的板块面积计量
表层类	坑洞	—	板面出现的局部坑洞	直径>30 mm,深度>10 mm	按面积计量;相邻坑洞的间距小于坑洞损坏区域的同向尺寸时,应按连续面积计量
	露骨	—	板块表面细集料散失、粗集料暴露或表层松疏剥落	—	按面积计量
	修补	—	裂缝、板角断裂、边角剥落和坑洞等损坏的修复,整板块翻修不计为路面修补损坏	—	按面积计量

注:纵向指与行车方向平行的方向,横向指与行车方向垂直的方向;按面积计量的路面损坏,损坏面积指包含单个损坏或按规定连续计量的相邻损坏,且边长垂直或平行于道路轴线的矩形面积。

5.4 桥隧构造物

5.4.1 桥隧构造物损坏应按桥梁、隧道和涵洞的技术等级确定。

5.4.2 桥梁技术等级应采用现行行业标准《公路桥梁技术状况评定标准》JTG/T H21规定的等级评定方法,分为一、二、三、四、五类桥梁;按座计量。

5.4.3 隧道技术等级应采用现行行业标准《公路隧道养护技术规范》JTG H12规定的等级评定方法,分为一、二、三、四、五类隧道;按座计量。

5.4.4 涵洞技术等级应采用现行行业标准《公路桥涵养护规范》JTG H11规定的等级评定方法,分为好、较好、较差、差、危险五类;按道计量。

5.5 沿线设施

5.5.1 沿线设施损坏分为防护设施缺损、隔离栅损坏、标志缺损、标线缺损和绿化管护不善五类;各类损坏按损坏的严重程度分级,共为12项。

5.5.2 各类(项)沿线设施损坏的定义、分级指标及计量方法应按表5.5.2的规定。

表5.5.2 沿线设施损坏类型、定义、分级指标及计量方法

(面积单位:m²;长度单位:m)

损坏类型		分级	定义	计量方法
防护设施缺损		轻	防撞护栏、防落网、声屏障、中央分隔带活动护栏等的局部缺少、损坏,防眩板的间隔缺损;或部件尺寸和安装质量达不到规范的技术要求	按处计量(防眩板每5片缺损算1处)缺损长度≤4 m
		重	防撞护栏、防落网、声屏障、中央分隔带活动护栏等的成片(块)缺少、损坏或影响安全的结构性损坏;防眩板的连续缺损	按处计量(防眩板每5片缺损算1处)缺损长度>4 m
隔离栅损坏		—	隔离栅破损或损坏修复后达不到技术要求	按处计量
标志缺损		—	各种交通标志(指示标志、警告标志、禁令标志、指路标志、里程牌、轮廓标、百米标、可变车道标志牌、龙门架等)残缺、位置不当或尺寸不规范、颜色不醒目、污染,可变信息板故障等	按处计量(轮廓标和百米标每3个损坏算1处)
标线缺损		—	标线(含突起路标)缺失或损坏	按长度计量
绿化管护不善	应绿未绿路段	—	有绿化条件而未绿化的路段	按长度计量
	缺株、残桩	—	行道树有缺株,乔木残桩未及时清除或行道树严重歪斜,歪斜角度大于15°	按株计量

续表5.5.2

损坏类型		分级	定义	计量方法
绿化管护不善	树穴盖板缺损	—	树穴盖板缺失或损坏	按处计量
	绿地不整洁	—	树木、花草有枯萎未清理,绿地内有垃圾、杂物	按面积计量
	绿化带整修不善	—	绿化带未及时修剪或未按要求修剪	
	遮挡	轻	绿化遮挡影响里程牌、百米标的视认	按处计量(百米标被遮挡每5个算1处)
		重	绿化遮挡正常行车视线或影响交通标志的视认(里程牌、百米标除外)	按处计量

6 公路技术状况检测与调查

6.1 一般规定

6.1.1 公路技术状况检测与调查应包括路基、路面、桥隧构造物和沿线设施四部分内容。

6.1.2 路面检测应包括路面损坏、路面平整度、路面车辙、路面跳车、路面抗滑性能、路面磨耗和路面结构强度七项指标。其中，路面结构强度为抽样检测指标，不参与 PQI 评定。

6.1.3 非机动车道路面检测可按照四级公路相关规定执行。

6.1.4 桥隧构造物调查应包括桥梁、隧道和涵洞三类构造物。

6.1.5 公路技术状况检测与调查应以 1 000 m 路段为基本检测（或调查）单元，统称为检查单元。检查单元应按整千米桩号分段；检查路线两端非整千米且大于或等于 100 m 的路段宜作为单独的检查单元，非整千米且小于 100 m 的路段可并入相邻的检查单元；桥梁、隧道、涵洞应归入其中心桩号所在的检查单元。在路面类型、交通量、路面宽度和养管单位等变化处，检测单元的长度可不受此规定限制。

6.1.6 国道、省道以及四车道及以上（含非机动车道）双向分道行驶的路段，应以道路轴线为界，按上行方向（桩号递增方向）和下行方向（桩号递减方向）划为不同的检查单元；其他路段可不分上、下行，按全断面划分检查单元。

6.2 路基技术状况检测与调查

6.2.1 路基技术状况可采用人工调查或自动化检测方式。公路技术状况评定所需要的路基数据,应按表5.1.2-1~表5.1.2-3规定的损坏类型调查。

6.2.2 调查及汇总表的式样见本标准附录A(表A-1、表A-6和表A-7)。

6.3 路面技术状况检测与调查

6.3.1 路面技术状况检测应采用自动化检测设备。不具备自动化检测条件的路线或路段可采用人工调查方式,人工调查宜采用便携设备。

6.3.2 路面技术状况自动化检测指标应包括路面破损率DR、国际平整度指数IRI、路面车辙深度RD、路面跳车PB、横向力系数SFC、路面构造深度MPD和路面弯沉l。其中,横向力系数SFC和路面构造深度MPD应为二选一指标。

6.3.3 路面技术状况自动化检测应符合现行国家标准《多功能路况快速检测设备》GB/T 26764和现行行业标准《公路路面技术状况自动化检测规程》JTG/T E61的规定。

6.3.4 路面损坏状况自动化检测应满足下列要求:

1 检测指标应为路面破损率DR,每10 m应计算1个统计值。

2 路面损坏应纵向连续检测,横向检测宽度不应小于车道宽度的70%。检测设备应能分辨约1 mm的路面裂缝,检测数据宜采用机器自动识别,识别准确率应达到90%以上,高速公路宜采用95%以上的识别准确率。

6.3.5 路面损坏人工调查应满足下列要求:

1 人工调查的路面损坏类型应满足本标准表5.2.2和表5.3.2的规定。

2 各类路面损坏应以100 m为单位,每个调查单元计算1个累积损坏面积。

3 路面损坏人工调查应包含所有行车道,紧急停车带应按路肩处理。调查及汇总表的式样见本标准附录A(表A-2、表A-3、表A-6、表A-7和表A-8)。

6.3.6 路面平整度自动化检测应采用断面类检测设备。检测指标应为国际平整度指数 IRI,每 10 m 应计算 1 个统计值。检测时超出设备有效速度或有效加速度范围的检测数据应为无效数据。

6.3.7 路面车辙自动化检测应采用断面类检测设备。检测指标应为路面车辙深度 RD,每 10 m 应计算 1 个统计值。当横断面数据出现异常或横断面数据不完整时,该检测断面应为无效数据。

6.3.8 路面跳车自动化检测应采用断面类检测设备。检测指标应为路面跳车 PB,路面跳车 PB 应按处计算,每 10 m 应计算 1 个统计值,计算方法见本标准附录B。

6.3.9 路面抗滑性能自动化检测应采用横向力系数检测设备或其他具有有效相关关系的自动化检测设备,相关系数不应小于 0.95。检测指标应为横向力系数 SFC,每 10 m 应计算 1 个统计值。

6.3.10 小范围的路面抗滑性能抽样检测可采用摆式摩擦系数测定仪(摆式仪)。摆式仪的技术要求、测试方法与步骤、摆值 BPN 的温度修正值均应符合现行行业标准《公路路基路面现场测试规程》JTG 3450 的相关规定;摆值 BPN 应按现行行业标准《公路沥青路面设计规范》JTG D50 的相关规定换算横向力系数 SFC。

6.3.11 路面磨耗自动化检测应采用断面类检测设备。检测位置应为车道的左轮迹带、右轮迹带和无磨损的车道中线或同质路肩。检测指标应为路面构造深度 MPD,每 10 m 应计算 1 个统计值。

6.3.12 路面结构强度自动化检测应采用与贝克曼梁具有有效相关关系的高效自动化弯沉检测设备,相关系数不应小于 0.95。检测指标应为路面弯沉 l,每 20 m 应计算 1 个统计值。路面弯沉检测应符合现行行业标准《公路路基路面现场测试规程》JTG 3450 的规定。

6.3.13 路面结构强度人工调查应采用贝克曼梁。检测指标应为路面弯沉 l，检测方法应符合现行行业标准《公路路基路面现场测试规程》JTG 3450 的规定。

6.4 桥隧构造物技术状况检测与调查

6.4.1 桥隧构造物技术状况可采用人工调查或自动化检测方式。

6.4.2 桥梁技术状况检测与调查应满足现行行业标准《公路桥梁技术状况评定标准》JTG/T H21 的规定。隧道技术状况检测与调查应满足现行行业标准《公路隧道养护技术规范》JTG H12 的规定。涵洞技术状况检测与调查应满足现行行业标准《公路桥涵养护规范》JTG H11 的规定。

6.4.3 调查及汇总表的式样见本标准附录 A（表 A-4、表 A-6 和表 A-7）。

6.5 沿线设施技术状况检测与调查

6.5.1 沿线设施技术状况可采用人工调查或自动化检测方式。

6.5.2 沿线设施技术状况损坏类型应满足本标准表 5.5.2 的规定。

6.5.3 调查及汇总表的式样见本标准附录 A（表 A-5、表 A-6 和表 A-7）。

6.6 检测与调查频率

6.6.1 路基技术状况调查的频率与范围不应低于表 6.6.1 的规定。

表 6.6.1 路基技术状况调查的频率与范围

公路等级	高速公路	一级公路	二级公路	三级公路	四级公路
要求	每年1次人工实地调查,调查范围应包含所有路肩、边坡、路基及其构造物和排水系统				

6.6.2 路面损坏状况检测与调查的频率与范围应不低于表 6.6.2 的规定。

表 6.6.2 路面损坏状况检测与调查的频率与范围

公路等级	高速公路	一级公路	二级公路	三级公路	四级公路
要求	每年1次自动化快速检测,双向各检测一个主要行车道;每月1次人工实地调查,调查范围应包含所有行车道				每年1次自动化快速单向检测;每月1次人工实地调查,调查范围应包含所有行车道

6.6.3 路面平整度检测的频率与范围应不低于表 6.6.3 的规定。

表 6.6.3 路面平整度检测的频率与范围

公路等级	高速公路	一级公路	二级公路	三级公路	四级公路
要求	每年1次自动化快速检测,所有行车道	每年1次自动化快速检测,双向,各检测一个主要行车道			每年1次自动化快速检测,单向

6.6.4 路面车辙深度检测的频率与范围应不低于表 6.6.4 的规定。

表 6.6.4 路面车辙深度检测的频率与范围

公路等级	高速公路	一级公路	二级公路	三级公路	四级公路
要求	每年1次自动化快速检测,双向,各检测一个主要行车道		二级公路国、省道应按一级公路检测要求。其余道路宜结合路面实际状况和养护工程计划,有针对性地进行		—

局部路段的路面车辙调查,可结合日常路况检查,采用横断面尺(长度不小于车道宽度)在垂直道路轴线方向进行路面车辙深度检查。

6.6.5 路面跳车检测的频率与范围应不低于表6.6.5的规定。

表6.6.5 路面跳车检测的频率与范围

公路等级	高速公路	一级公路	二级公路	三级公路	四级公路
要求	每年1次自动化快速检测,双向,各检测一个主要行车道		宜结合路面实际状况和养护工程计划,有针对性地进行		—

6.6.6 路面抗滑性能检测的频率与范围应不低于表6.6.6的规定。

表6.6.6 路面抗滑性能检测的频率与范围

公路等级	高速公路	一级公路	二级公路	三级公路	四级公路
要求	每年1次自动化快速检测,双向,各检测一个最快速行车道		宜结合路面实际状况和养护工程计划,有针对性地进行		—

6.6.7 路面磨耗检测的频率与范围应不低于表6.6.7的规定。路面磨耗和路面抗滑性能为二选一指标,在检测与调查中可二选一。

表6.6.7 路面磨耗检测的频率与范围

公路等级	高速公路	一级公路	二级公路	三级公路	四级公路
要求	每年1次自动化快速检测,双向,各检测一个主要行车道		—	—	—

6.6.8 沥青路面结构强度检测为抽样检测项目,应结合路面实际状况和养护工程计划有针对性地进行;检测的频率与范围应不低于表6.6.8的规定。

表 6.6.8 路面结构强度性能检测的频率与范围

公路等级	高速公路	一级公路	二级公路	三级公路	四级公路
要求	每年1次自动化检测,检测总量应不少于养护里程的30%			每年1次自动化检测,检测总量应不少于养护里程的20%	—

6.6.9 桥隧构造物技术状况检测与调查应满足下列要求：

1 桥隧构造物技术状况检测与调查的频率与范围应符合行业现行的相关规定。

2 桥隧构造物技术状况可采用人工调查或自动化检测方式。

3 桥隧构造物损坏调查表的格式见本标准附录A表A-4。

6.6.10 沿线设施技术状况检测与调查应满足下列要求：

1 沿线设施技术状况检测与调查的频率与范围应符合行业现行的相关规定。

2 沿线设施技术状况可采用人工调查或自动化检测方式。

3 沿线设施损坏调查表的格式见本标准附录A表A-5。

7 公路技术状况评定

7.1 一般规定

7.1.1 公路技术状况评定应以检查单元为基本评定单元。

7.1.2 公路技术状况评定应按下列顺序进行：

　　1　对各评定路线的所有检查单元分别进行 SCI、PQI、BCI 和 TCI 计算评定。

　　2　对各评定路线的所有检查单元分别进行 MQI 计算评定。

　　3　对各评定路线进行 MQI 汇总计算。

7.1.3 公路技术状况评定应计算优等路率、优良路率和次差路率三项统计指标。

7.1.4 公路技术状况评定明细表的格式见本标准附录 A 表 A-6。公路技术状况评定汇总表的格式见本标准附录 A 表 A-7。路面技术状况评定汇总表的格式见本标准附录 A 表 A-8。

7.2 公路技术状况(MQI)评定

7.2.1 公路技术状况应采用公路技术状况指数 MQI 评定，计算公式的分子中未检测或调查的指标应计 0 分，分母中也应删除相应权重项。公路技术状况指数 MQI 应按式(7.2.1)计算：

$$\mathrm{MQI} = \frac{w_{\mathrm{SCI}} \mathrm{SCI} + w_{\mathrm{PQI}} \mathrm{PQI} + w_{\mathrm{BCI}} \mathrm{BCI} + w_{\mathrm{TCI}} \mathrm{TCI}}{\sum_{i=1}^{n} w_i} \quad (7.2.1)$$

式中：w_{SCI}——SCI 在 MQI 中的权重，取值为 0.08；

w_{PQI}——PQI 在 MQI 中的权重,取值为 0.70;

w_{BCI}——BCI 在 MQI 中的权重,取值为 0.12;

w_{TCI}——TCI 在 MQI 中的权重,取值为 0.10;

  n——实际检测或调查项数,PQI 缺项时应视为未评价路段;

  w_i——SCI、PQI、BCI 和 TCI 四项指标在 MQI 中的权重;

  i——MQI 的各分项指标。

7.2.2 对长度小于或大于 1 000 m 的非整千米评定单元,除 PQI 外,SCI、BCI 和 TCI 三项指标的实际扣分应换算成基本评定单元的扣分[实际扣分×基本评定单元长度(1 000 m)/实际评定单元长度]。桥隧构造物评价结果 BCI 应计入桥隧构造物所属评定单元。

7.2.3 MQI 及各级分项指标评价结果应保留两位小数。

7.3 路基技术状况(SCI)评定

7.3.1 路基技术状况应采用路基技术状况指数 SCI 评定。各检查单元的 SCI 应按式(7.3.1)计算:

$$\text{SCI} = \sum_{i=1}^{i_0} w_i (100 - \text{GD}_{i\text{SCI}}) \qquad (7.3.1)$$

式中:GD_{iSCI}——第 i 类路基损坏的累计扣分,最高分值为 100,按表 7.3.1 的规定计算;

  w_i——第 i 类路基损坏的权重,按表 7.3.1 的规定取值;

  i——路基损坏类型;

  i_0——检查单元中路基损坏调查的实际类型数。

表 7.3.1 路基损坏扣分标准

类型 (i)	损坏名称	分级	计量单位	单位扣分	权重 w_i	备注
1	路肩损坏	轻	m^2	1	0.10	路肩损坏类型按表5.1.2-2规定,包括人行道。其中,按长度计算的路肩及人行道损坏应按表7.4.5-1和表7.4.5-2规定的影响宽度换算成面积。每100 m路肩损坏累计不足 1 m^2 时,以 1 m^2 计
1	路肩损坏	重	m^2	2	0.10	
2	边坡坍塌	轻	处	20	0.25	边坡坍塌为重度且影响交通安全时,该评定单元的MQI值应取0
2	边坡坍塌	中	处	50	0.25	
2	边坡坍塌	重	处	100	0.25	
3	水毁冲沟	轻	条	20	0.15	—
3	水毁冲沟	中	条	30	0.15	—
3	水毁冲沟	重	条	50	0.15	—
4	路基构造物损坏	轻	处	20	0.10	路基构造物损坏为重度时,该评定单元的SCI值应取0
4	路基构造物损坏	中	处	50	0.10	
4	路基构造物损坏	重	处	100	0.10	
5	路缘石缺损	—	m	4	0.05	—
6	路基沉降	轻	处	20	0.25	—
6	路基沉降	中	处	30	0.25	—
6	路基沉降	重	处	50	0.25	—
7	排水不畅	轻	处	20	0.10	—
7	排水不畅	中	处	50	0.10	—
7	排水不畅	重	处	100	0.10	—

7.4 路面技术状况(PQI)评定

7.4.1 沥青路面技术状况评定应包括路面损坏、路面平整度、路面车辙、路面跳车、路面抗滑性能、路面磨耗和路面结构强度七项技术内容。

7.4.2 水泥混凝土路面技术状况评定应包含路面损坏、路面平整度、路面跳车、路面抗滑性能和路面磨耗五项技术内容。有刻槽的水泥混凝土路面不应作路面磨耗评定。

7.4.3 路面技术状况应采用路面技术状况指数 PQI 评定,计算公式的分子中未检测或调查的指标应计 0 分,分母中也应删除相应权重项。各检查单元的 PQI 应按式(7.4.3)计算:

$$PQI = \frac{w_{PCI}PCI + w_{RQI}RQI + w_{RDI}RDI + w_{PBI}PBI + w_{SRI}SRI(w_{PWI}PWI)}{\sum_{i=1}^{n} w_i}$$

(7.4.3)

式中:w_{PCI}——PCI 在 PQI 中的权重,按表 7.4.3 取值;

w_{RQI}——RQI 在 PQI 中的权重,按表 7.4.3 取值;

w_{RDI}——RDI 在 PQI 中的权重,按表 7.4.3 取值;

w_{PBI}——PBI 在 PQI 中的权重,按表 7.4.3 取值;

w_{SRI}——SRI 在 PQI 中的权重,按表 7.4.3 取值;

w_{PWI}——PWI 在 PQI 中的权重,按表 7.4.3 取值;

n——实际检测或调查项数,PQI 或 RQI 缺项时应视为未评定路段;

w_i——PQI 各分项指标所占的权重,按表 7.4.3 取值;

i——PQI 的各分项指标。

表 7.4.3 PQI 分项指标权重

路面类型	权重	高速、一级公路	二、三、四级公路
沥青路面	w_{PCI}	0.35	0.60
	w_{RQI}	0.30	0.40
	w_{RDI}	0.15	—
	w_{PBI}	0.10	—
	w_{SRI} (w_{PWI})	0.10	—
水泥混凝土路面	w_{PCI}	0.50	0.60
	w_{RQI}	0.30	0.40
	w_{PBI}	0.10	—
	w_{SRI} (w_{PWI})	0.10	—

注：1. 采用式（7.4.3）计算 PQI 时，路面抗滑性能指数 SRI 和路面磨耗指数 PWI 应二者取一。
2. 对于沥青路面二、三、四级公路的 RDI、PBI 和 SRI（PWI）不参与 PQI 计算；水泥混凝土路面二、三、四级公路的 PBI 和 SRI（PWI）不参与 PQI 计算。

7.4.4 路面结构强度指数 PSSI 为抽样评定指标，单独计算与评定，评定范围应根据路面大中修养护需求、路基的地质条件等确定，不参与 PQI 计算。

7.4.5 路面损坏状况指数（PCI）应按式（7.4.5-1）和式（7.4.5-2）计算：

$$\mathrm{PCI} = 100 - a_0 \mathrm{DR}^{a_1} \quad (7.4.5\text{-}1)$$

$$\mathrm{DR} = 100 \times \frac{\sum_{i=1}^{i_0} w_i A_i}{A} \quad (7.4.5\text{-}2)$$

式中：DR——路面破损率（%）；
a_0——沥青路面采用 15.00，水泥混凝土路面采用 10.66；

a_1——沥青路面采用 0.412,水泥混凝土路面采用 0.461;

A_i——第 i 类路面损坏的累计面积(m^2)(自动化检测时,A_i 应按式 $A_i = 0.01 \times GN_i$ 计算。式中,GN_i 为含有第 i 类路面损坏的网格数;0.01 为面积换算系数,一个网格的标准尺寸为 $0.1\ m \times 0.1\ m$);

A——路面检测或调查面积(m^2);

w_i——第 i 类路面损坏的权重或换算系数,沥青路面按表 7.4.5-1 取值,水泥混凝土路面按表 7.4.5-2 取值;

i——路面损坏类型,包括损坏程度(轻、中、重);

i_0——损坏类型总数,沥青路面取 23,水泥混凝土路面取 20。

表 7.4.5-1 沥青路面损坏类型、权重及换算系数

大类名称	小类名称	损坏项(i)	损坏程度	权重(w_i)(人工调查)	换算系数(w_i)(自动化检测)	计量单位(m^2)
裂缝类	龟裂	1	轻	0.6	1.0	面积
		2	中	0.8		
		3	重	1.0		
	块状裂缝	4	轻	0.6	1.0	面积
		5	重	0.8		
	纵向裂缝	6	轻	0.6	2.0	长度×0.2 m
		7	重	1.0		
	横向裂缝	8	轻	0.6	2.0	长度×0.2 m
		9	重	1.0		
松散类	坑槽	10	轻	0.8	1.0	面积
		11	重	1.0		
	松散	12	轻	0.6	1.0	面积
		13	重	1.0		

续表7.4.5-1

大类名称	小类名称	损坏项(i)	损坏程度	权重(w_i)(人工调查)	换算系数(w_i)(自动化检测)	计量单位(m^2)
变形类	沉陷	14	轻	0.6	1.0	面积
		15	重	1.0		
	车辙	16	轻	0.6	—	长度×0.4 m
		17	重	1.0		
	波浪拥包	18	轻	0.6	1.0	面积
		19	重	1.0		
其他类	泛油	20	—	0.2	0.2	面积
	翻浆	21	轻	0.6	—	面积
		22	重	1.0		
	修补	23	—	0.1	0.1(0.2)	面积或长度×0.2 m

注：1. 在同一检查部位有2种或2种以上的损坏时，以最严重的（调查面积与相应的权重之积最大者）一种损坏计入沥青路面破损率DR。
  2. 人工调查时，应将条状修补的调查长度(m)乘以影响宽度(0.2 m)换算成面积。
  3. 自动化检测时，块状修补的换算系数为0.1，条状修补的换算系数为0.2。

表7.4.5-2 水泥混凝土路面损坏类型和权重

大类名称	小类名称	损坏项(i)	损坏程度	权重(w_i)	换算系数(w_i)(自动化检测)	计量单位(m^2)
断裂类	破碎板	1	轻	0.8	1.0	面积
		2	重	1.0		
	裂缝	3	轻	0.6	10	长度×1.0 m
		4	中	0.8		
		5	重	1.0		
	板角断裂	6	轻	0.6	1.0	面积
		7	中	0.8		
		8	重	1.0		

续表7.4.5-2

大类名称	小类名称	损坏项(i)	损坏程度	权重(w_i)	换算系数(w_i)（自动化检测）	计量单位（m²）
接缝类	错台	9	轻	0.6	10	长度×1.0 m
		10	重	1.0		
	唧泥	11	—	1.0	10	长度×1.0 m
	边角剥落	12	轻	0.6	10	长度×1.0 m
		13	中	0.8		
		14	重	1.0		
	接缝料损坏	15	轻	0.4	6	长度×1.0 m
		16	重	0.6		
表层类	拱起	17	—	1.0	1.0	面积
	坑洞	18	—	1.0	1.0	面积
	露骨	19	—	0.3	0.3	面积
	修补	20	—	0.1	0.1(0.2)	面积或长度×0.2 m

注：1. 在同一板块上有2种或2种以上的损坏时，以权重最大的一种损坏计入水泥混凝土路面破损率DR。
2. 人工调查时，应将条状修补的调查长度（m）乘以影响宽度（0.2 m）换算成面积。
3. 自动化检测时，块状修补的换算系数为0.1，条状修补的换算系数为0.2。

7.4.6 路面行驶质量指数RQI应按式（7.4.6）计算：

$$RQI = \frac{100}{1 + a_0 e^{a_1 IRI}} \quad (7.4.6)$$

式中：IRI——国际平整度指数（m/km）；

a_0——高速公路和一级公路采用0.026，其他等级公路采用0.018 5；

a_1——高速公路和一级公路采用0.65，其他等级公路采用0.58。

7.4.7 路面车辙深度指数RDI应按式（7.4.7）计算：

$$RDI = \begin{cases} 100 - a_0 RD & (RD \leqslant RD_a) \\ 90 - a_1(RD - RD_a) & (RD_a < RD \leqslant RD_b) \\ 0 & (RD > RD_b) \end{cases} \quad (7.4.7)$$

式中：RD——车辙深度(mm)；
　　 RD_a——车辙深度参数,采用 10.0；
　　 RD_b——车辙深度限值,采用 40.0；
　　 a_0——模型参数,采用 1.0；
　　 a_1——模型参数,采用 3.0。

7.4.8 路面跳车指数 PBI 应按式(7.4.8)计算：

$$PBI = 100 - \sum_{i=1}^{i_0} a_i PB_i \quad (7.4.8)$$

式中：PB_i——第 i 类程度的路面跳车；
　　 a_i——第 i 类程度的路面跳车单位扣分,按表 7.4.8 的规定取值；
　　 i——路面跳车类型；
　　 i_0——路面跳车类型总数,取 3。

表 7.4.8　路面跳车扣分标准

类型 i	跳车程度	计量单位	单位扣分
1	轻度	处	0
2	中度		25
3	重度		50

7.4.9 路面抗滑性能指数 SRI 应按式(7.4.9)计算：

$$SRI = \frac{100 - SRI_{min}}{1 + a_0 e^{a_1 SFC}} + SRI_{min} \quad (7.4.9)$$

式中：SFC——横向力系数；
　　 SRI_{min}——标定参数,采用 35.0；

a_0——评价模型参数,采用 28.6;

a_1——评价模型参数,采用-0.105。

7.4.10 路面磨耗指数 PWI 应按式(7.4.10-1)和式(7.4.10-2)计算:

$$PWI = 100 - a_0 WR^{a_1} \quad (7.4.10-1)$$

$$WR = 100 \times \frac{MPD_C - \min\{MPD_L, MPD_R\}}{MPD_C} \quad (7.4.10-2)$$

式中:WR——路面磨耗率(%);

a_0——模型参数,采用 1.696;

a_1——模型参数,采用 0.785;

MPD_C——路面构造深度基准值,采用无磨损的车道中线路面构造深度(mm);

MPD_L——左轮迹带的路面构造深度(mm);

MPD_R——右轮迹带的路面构造深度(mm)。

7.4.11 路面结构强度指数 PSSI 应按式(7.4.11-1)和式(7.4.11-2)计算:

$$PSSI = \frac{100}{1 + a_0 e^{a_1 SSR}} \quad (7.4.11-1)$$

$$SSR = \frac{l_0}{l} \quad (7.4.11-2)$$

式中:SSR——路面结构强度系数,为路面弯沉标准值与路面实测代表弯沉比;

l_0——路面弯沉标准值(0.01 mm),路面弯沉标准值计算方法见本标准附录 C;

l——路面实测代表弯沉(0.01 mm);

a_0——评价模型参数,采用 15.71;

a_1——评价模型参数,采用-5.19。

7.5 桥隧构造物技术状况(BCI)评定

7.5.1 桥隧构造物技术状况应采用桥隧构造物技术状况指数 BCI 评定。各检查单元的 BCI 应按式(7.5.1)计算：

$$BCI = \min(100 - GD_{iBCI}) \qquad (7.5.1)$$

式中：GD_{iBCI}——第 i 类构造物的累计扣分，最高扣分为100，按表 7.5.1 的规定取值；

i——构造物类型（桥梁、隧道、涵洞），共三类。

表 7.5.1 桥隧构造物扣分标准

类型(i)	项目	技术状况评定等级	计量单位	单位扣分	备注
1	桥梁	一	座	0	应采用现行行业标准《公路桥梁技术状况评定标准》JTG/T H21 的评定方法，5 类桥梁所属评定单元的 MQI 值应取 0
		二		10	
		三		40	
		四		70	
		五		100	
2	隧道	一	座	0	应采用现行行业标准《公路隧道养护技术规范》JTG H12 的评定方法，5 类隧道所属评定单元的 MQI 值应取 0
		二		10	
		三		40	
		四		70	
		五		100	
3	涵洞	好	道	0	应采用现行行业标准《公路桥涵养护规范》JTG H11 的评定方法，危险涵洞所属评定单元的 MQI 值应取 0
		较好		10	
		较差		40	
		差		70	
		危险		100	

7.6 沿线设施技术状况(TCI)评定

7.6.1 沿线设施技术状况应采用沿线设施技术状况指数 TCI 评价。各检查单元的 TCI 应按式(7.6.1)计算：

$$\mathrm{TCI} = \sum_{i=1}^{i_0} w_i (100 - \mathrm{GD}_{i\mathrm{TCI}}) \qquad (7.6.1)$$

式中：$\mathrm{GD}_{i\mathrm{TCI}}$——第 i 类设施损坏的总扣分，最高分值为100，按表 7.6.1 的规定计算；

w_i——第 i 类路基损坏的权重，按表 7.6.1 的规定取值；

i——沿线设施的损坏类型；

i_0——检查单元中沿线设施损坏调查的实际类型数，取 5。

表 7.6.1 沿线设施扣分标准

类型 (i)	损坏名称		程度	计量单位	单位扣分	权重 w_i	备注
1	防护设施缺损		轻	处	10	0.25	—
			重		30		
2	隔离栅损坏		—	处	20	0.10	—
3	标志缺损		—	处	20	0.25	轮廓标和百米标每3个算1处扣20分，不足3个时亦按1处计
4	标线缺损		—	m	0.1	0.20	每10 m扣1分，累计不足10 m计10 m
5	绿化管护不善	应绿未绿路段	—	m	0.1	0.04	—
		缺株、残桩	—	株	1	0.03	—
		树穴盖板缺损	—	处	0.1	0.01	—

续表7.6.1

类型(i)	损坏名称		程度	计量单位	单位扣分	权重 w_i	备注
5	绿化管护不善	绿地不整洁	—	m²	0.1	0.04	每10 m²扣1分,累计不足10 m²以10 m²计
		绿化带整修不善	—	m²	0.1	0.04	
		遮挡	轻	处	2	0.04	百米标每5个算1处扣2分,不足5个时亦按1处计
			重	处	20		—

7.7 综合评定

7.7.1 检查单元MQI应满足下列要求:

1 检查单元MQI应按式(7.2.1)计算确定。

2 所属检查单元存在5类桥梁、5类隧道、危险涵洞及影响交通安全的重度边坡坍塌的检查单元MQI为0。

7.7.2 在进行路线公路技术状况评定时,应采用路线内所有评定单元MQI的里程算术平均值作为该路线的MQI。其中,对按上、下行划分检查单元的评定路线,应先按上、下行分别统计MQI,然后将上、下行MQI统计结果的平均值作为评定路线的MQI值。

7.7.3 在进行公路网公路技术状况评定时,应采用公路网内所有路线MQI的长度加权平均值作为该公路网的MQI。

附录 A 公路技术状况调查及评定表

A.0.1 检查单元的路基损坏调查表按表 A-1 规定。
A.0.2 检查单元的沥青路面损坏调查表按表 A-2 规定。
A.0.3 检查单元的水泥混凝土路面损坏调查表按表 A-3 规定。
A.0.4 检查单元的桥隧构造物损坏调查表按表 A-4 规定。
A.0.5 检查单元的沿线设施损坏调查表按表 A-5 规定。
A.0.6 路线的公路技术状况评定明细表按表 A-6 规定。
A.0.7 区域的公路技术状况评定汇总表按表 A-7 规定。
A.0.8 区域的路面技术状况评定汇总表按表 A-8 规定。

表 A-1 路基损坏调查表

调查时间：　　　调查人员：

路线编码名称：　　调查方向：　　起点桩号：　　单元长度：　　路面宽度：

损坏类型	程度	单位扣分	权重 w_i	单位	百米损坏 1	2	3	4	5	6	7	8	9	10	累计损坏
路肩损坏	轻	1	0.1	m^2											
	重	2													
边坡坍塌	轻	20	0.25	处											
	中	50													
	重	50													
水毁冲沟	轻	20	0.15	条											
	中	30													
	重	50													
路基构造物损坏	轻	20	0.10	处											
	中	50													
	重	100													
路缘石缺损	—	4	0.05	m											
路基沉降	轻	20	0.25	处											
	中	30													
	重	50													
排水不畅	轻	20	0.10	处											
	中	50													
	重	100													

注：1. 损坏数据的第 1 列记录该检查单元 0 m～100 m 的损坏数据，第 2～10 列类推。
　　2. 检查单元中大于 1 000 m 部分的损坏数据，计入相邻的第 1 列或第 10 列。

表 A-2 沥青路面损坏调查表

调查时间：　　　　调查人员：

路线编码名称：		调查方向：		起点桩号：		单元长度：				路面宽度：			
损坏类型	程度	权重 w_i	单位	百米损坏									累计损坏
				1	2	3	4	5	6	7	8	9	10
龟裂	轻	0.6	m^2										
	中	0.8											
	重	1.0											
块状裂缝	轻	0.6	m^2										
	重	0.8											
纵向裂缝	轻	0.6	m										
	重	1.0											
横向裂缝	轻	0.6	m										
	重	1.0											
坑槽	轻	0.8	m^2										
	重	1.0											
松散	轻	0.6	m^2										
	重	1.0											
沉陷	轻	0.6	m^2										
	重	1.0											
车辙	轻	0.6	m										
	重	1.0											
波浪拥包	轻	0.6	m^2										
	重	1.0											
泛油	—	0.2	m^2										
翻浆	轻	0.6	m^2										
	重	1.0											
修补	—	0.1	块状 m^2										
			条状 m										

注：1. 损坏数据的第 1 列记录该检查单元 0 m～100 m 的损坏数据，第 2～10 列类推。
　　2. 检查单元中大于 1 000 m 部分的损坏数据，计入相邻的第 1 列或第 10 列。

表 A-3 水泥混凝土路面损坏调查表

调查时间：　　　　调查人员：

路线编码名称：　　调查方向：　　起点桩号：　　单元长度：　　路面宽度：

损坏类型	程度	权重 W_i	单位	百米损坏										累计损坏
				1	2	3	4	5	6	7	8	9	10	
破碎板	轻	0.8	m^2											
	重	1.0												
裂缝	轻	0.6	m											
	中	0.8												
	重	1.0												
板角断裂	轻	0.6	m^2											
	中	0.8												
	重	1.0												
错台	轻	0.6	m											
	重	1.0												
唧泥	—	1.0	m											
边角剥落	轻	0.6	m											
	中	0.8												
	重	1.0												
接缝料损坏	轻	0.4	m											
	重	0.6												
拱起	—	1.0	m^2											
坑洞	—	1.0	m^2											
露骨	—	0.3	m^2											
修补	—	0.1	块状 m^2											
			条状 m											

注：1. 损坏数据的第 1 列记录该检查单元 0 m～100 m 的损坏数据，第 2～10 列类推。

　　2. 检查单元中大于 1 000 m 部分的损坏数据，计入相邻的第 1 列或第 10 列。

表 A-4 桥隧构造物损坏调查表

调查时间： 　　调查人员：

路线编码名称： 　调查方向： 　起点桩号： 　单元长度： 　路面宽度：

构造物类型	评定等级	单位扣分	单位	百米损坏										累计损坏
				1	2	3	4	5	6	7	8	9	10	
桥梁	1	0	座											
	2	10												
	3	40												
	4	70												
	5	100												
隧道	1	0	座											
	2	10												
	3	40												
	4	70												
	5	100												
涵洞	好	0	道											
	较好	10												
	较差	40												
	差	70												
	危险	100												

注：1. 损坏数据的第 1 列记录该检查单元 0 m～100 m 的损坏数据，第 2～10 列类推。
　　2. 检查单元中大于 1 000 m 部分的损坏数据，计入相邻的第 1 列或第 10 列。

表 A-5 沿线设施损坏调查表

调查时间： 调查人员：

路线编码名称： 调查方向： 起点桩号： 单元长度： 路面宽度：

调查内容		程度	单位扣分	权重 w_i	单位	百米损坏										累计损坏
						1	2	3	4	5	6	7	8	9	10	
防护设施缺损		轻	10	0.25	处											
		重	30													
隔离栅损坏			20	0.10	处											
标志缺损			20	0.25	处											
标线缺损			0.1	0.20	m											
绿化管护不善	应绿未绿路段		0.1	0.04	m											
	缺株、残桩		1	0.03	株											
	树穴盖板缺损		0.1	0.01	处											
	绿地不整洁		0.1	0.04	m²											
	绿化带整修不善		0.1	0.04	m²											
遮挡		轻	2	0.04	处											
		重	20		处											

注：1. 损坏数据的第 1 列记录该检查单元 0 m～100 m 的损坏数据，第 2～10 列类推。

2. 检查单元中大于 1 000 m 部分的损坏数据，计入相邻的第 1 列或第 10 列。

表 A-6 公路技术状况评定明细表

所属政区： 路线编码名称： 技术等级： 路面类型： 检测方向： 年 月 日

起点桩号	评定单元长度（m）	MQI	SCI	PQI	PQI 分项指标							BCI	TCI
					PCI	RQI	RDI	PBI	PWI	SRI	PSSI		
合计													

注：表中 PSSI 为抽样评定指标。

第 页 总 页

表 A-7 公路技术状况评定汇总表

所属政区： 主管单位： 年 月 日

路线编码	路线名称	起点桩号	评定长度(km)	调查方向	技术等级	路面类型	MQI	MQI分项指标评定结果				MQI分布(km)				MQI统计(%)		
								PCI	RQI	RDI	PBI	优	良	中	次差	优等路率	优良路率	次差路率
				全幅														
				上行														
				下行														
合计																		

第 页 总 页

— 45 —

表 A-8 路面技术状况评定汇总表

所属政区： 主管单位： 年 月 日

路线编码	路线名称	起点桩号	评定长度(km)	调查方向	技术等级	路面类型	PQI	PQI分项指标评定结果					PQI分布(km)				PQI统计(%)		
								PCI	RQI	RDI	PBI	SRI	PWI	PSSI	优	良	中	次	差	优等路率	优良路率	次差路率
				全幅																		
				上行																		
				下行																		
合计																						

第 页 总 页

附录 B 路面跳车计算方法

B.0.1 路面跳车应根据路面纵断面高差确定。路面纵断面高差应按式(B.0.1)计算：

$$\Delta h = \max\{h_1, h_2, \cdots, h_i, \cdots h_{100}\} - \min\{h_1, h_2, \cdots, h_i, \cdots h_{100}\}$$
(B.0.1)

式中：Δh ——路面纵断面高差(cm)，应为 10 m 路面纵断面最大高程和最小高程之差；

h_i ——第 i 点的路面纵断面高程；

i ——第 i 个路面纵断面高程数据，应为自动化设备检测数据，每 0.1 m 计 1 个高程，10 m 路面纵断面共计 100 个高程数据。

B.0.2 路面跳车应按表 B.0.2 的规定划分跳车程度。

表 B.0.2 路面跳车程度划分标准

检测指标	轻度	中度	重度
路面纵断面高差 Δh(cm)	≥2,<5	≥5,<8	≥8

B.0.3 路面跳车应按处计算。若 10 m 路面纵断面存在轻度、中度或重度的路面跳车，则该 10 m 路面纵断面应计为 1 处路面跳车。

附录 C 路面弯沉标准值计算方法

C.0.1 路面弯沉标准值应根据公路技术等级、累计标准当量轴次、路面面层类型和路面结构类型等因素确定,按式(C.0.1)计算:

$$l_0 = 600 N_e^{-0.2} A_c A_s A_b \qquad (C.0.1)$$

式中:l_0——路面弯沉标准值(0.01 mm);

N_e——新改建沥青路面结构设计使用年限或沥青路面结构性修复设计年限内设计车道上的当量设计轴载累计作用次数(次);

A_c——公路技术等级系数,高速公路和一级公路取 1.0,二级公路取 1.1,三级和四级公路取 1.2;

A_s——路面面层类型系数,沥青混凝土面层取 1.0,热拌和冷拌沥青碎石、沥青贯入式路面(含上拌下贯式路面)及沥青表面处治取 1.1;

A_b——路面结构类型系数,半刚性基层沥青路面取 1.0,柔性基层沥青路面取 1.6。

C.0.2 累计当量轴次 N_e 应按式(C.0.2)计算:

$$N_e = \frac{[(1+\gamma)^t - 1] \times 365}{\gamma} N_1 \qquad (C.0.2)$$

式中:N_1——初始年设计车道日平均当量轴次(次/d);

t——新改建沥青路面结构设计使用年限或沥青路面结构性修复设计年限(年);

γ——新改建沥青路面结构设计使用年限或沥青路面结构性修复设计年限内交通量的年平均增长率。

C.0.3 新改建沥青路面结构设计使用年限应根据设计文件确定。当无设计文件时,新建沥青路面结构设计使用年限不应低于表 C.0.3 的规定,应根据公路等级、经济、交通荷载等级等因素综合确定。改建路面结构设计可根据工程实际情况选取适宜的设计使用年限。

表 C.0.3 公路沥青路面结构设计使用年限

公路等级	设计使用年限(年)	公路等级	设计使用年限(年)
高速公路、一级公路	15	三级公路	10
二级公路	12	四级公路	8

C.0.4 公路沥青路面结构性修复设计年限应根据设计文件确定。当无设计文件时,应参考表 C.0.4 选用,有特殊要求时可适当调整。

表 C.0.4 公路沥青路面结构性修复设计年限

公路等级	设计年限(年)	公路等级	设计年限(年)
高速公路、一级公路	10~15	三级公路	6~10
二级公路	8~12	四级公路	5~8

本标准用词说明

1 为便于在执行本标准条文时区别对待,对要求严格程度不同的用词说明如下:
   1) 表示很严格,非这样做不可的用词:
      正面词采用"必须";
      反面词采用"严禁"。
   2) 表示严格,在正常情况下均应这样做的用词:
      正面词采用"应";
      反面词采用"不应"或"不得"。
   3) 表示允许稍有选择,在条件许可时首先应这样做的用词:
      正面词采用"宜";
      反面词采用"不宜"。
   4) 表示有选择,在一定条件下可以这样做的用词,采用"可"。

2 条文中指明应按其他有关标准、规范执行时的写法为"应符合……的规定"或"应按……执行"。

引用标准名录

1. 《多功能路况快速检测设备》GB/T 26764
2. 《公路工程质量检验评定标准 第二册 机电工程》JTG 2182
3. 《公路路基路面现场测试规程》JTG 3450
4. 《公路沥青路面养护技术规范》JTG 5142
5. 《公路技术状况评定标准》JTG 5210
6. 《公路养护工程质量检验评定标准 第一册 土建工程》JTG 5220
7. 《公路工程质量检验评定标准 第一册 土建工程》JTG F80/1
8. 《公路沥青路面设计规范》JTG D50
9. 《公路桥涵养护规范》JTG H11
10. 《公路隧道养护技术规范》JTG H12
11. 《公路桥梁技术状况评定标准》JTG/T H21
12. 《公路路面技术状况自动化检测规程》JTG/T E61
13. 《公路水泥混凝土路面养护技术规范》JTJ 073.1
14. 《城镇道路养护技术规范》CJJ 36
15. 《城镇排水管道检测与技术评估技术规程》CJJ 181

标准上一版编制单位及人员信息

DG/TJ 08—2095—2012

主 编 单 位：上海市公路管理处
参 编 单 位：浦东新区公路管理署
　　　　　　闵行区公路管理署
　　　　　　上海沪杭路桥实业有限公司
主要起草人：吴青峰　汪维恒　陈小琪　李志明　李哲梁
　　　　　　瞿琳瑾　申红平　杨建华　周　旭　徐　雷
　　　　　　刘世华　周景岳
主要审查人：朱惠君　徐一峰　祝若萍　商国平　邹金平
　　　　　　何智龙

上海市工程建设规范

公路技术状况评定标准

DG/TJ 08—2095—2024
J 12046—2023

条文说明

2024 上海

目 次

1 总 则 …………………………………… 59
2 术 语 …………………………………… 60
3 公路技术状况评定指标 …………………… 61
4 公路技术状况评定等级 …………………… 62
5 公路损坏分类 ……………………………… 63
   5.1 路 基 ………………………………… 63
   5.2 沥青路面 ……………………………… 63
   5.3 水泥混凝土路面 ……………………… 64
   5.4 桥隧构造物 …………………………… 64
   5.5 沿线设施 ……………………………… 64
6 公路技术状况检测与调查 ………………… 65
   6.1 一般规定 ……………………………… 65
   6.2 路基技术状况检测与调查 …………… 65
   6.3 路面技术状况检测与调查 …………… 66
   6.4 桥隧构造物技术状况检测与调查 …… 67
   6.5 沿线设施技术状况检测与调查 ……… 67
   6.6 检测与调查频率 ……………………… 68
7 公路技术状况评定 ………………………… 69
   7.1 一般规定 ……………………………… 69
   7.2 公路技术状况(MQI)评定 …………… 69
   7.3 路基技术状况(SCI)评定 …………… 70
   7.4 路面技术状况(PQI)评定 …………… 70
   7.5 桥隧构造物技术状况(BCI)评定 …… 74
   7.6 沿线设施技术状况(TCI)评定 ……… 75

7.7 综合评定 ………………………………………………… 75
附录 A 公路技术状况调查及评定表 ……………………… 76
附录 B 路面跳车计算方法 ………………………………… 77
附录 C 路面弯沉标准值计算方法 ………………………… 78

Contents

1 General provisions ·· 59
2 Terms and definitions ·· 60
3 Highway performance assessment indicator system ······ 61
4 Rating of highway performance ······························· 62
5 Types of road defects ·· 63
   5.1 Subgrade ··· 63
   5.2 Asphalt pavement ··· 63
   5.3 Cement concrete pavement ······························ 64
   5.4 Bridge, tunnel and culvert ······························ 64
   5.5 Traffic safety devices ····································· 64
6 Highway condition survey and inspection ··················· 65
   6.1 General ··· 65
   6.2 Survey and inspection of subgrade condition ·········· 65
   6.3 Survey and inspection of pavement condition ······· 66
   6.4 Survey and inspection of the condition of structural
       work ·· 67
   6.5 Survey and inspection of the condition of traffic
       safety devices ·· 67
   6.6 Frequency of survey and inspection ···················· 68
7 Highway performance assessment ····························· 69
   7.1 General ··· 69
   7.2 Assessment of highway maintenance quality (MQI)
       ·· 69
   7.3 Assessment of subgrade condition (SCI) ············ 70

7.4 Assessment of pavement maintenance quality (PQI) ·· 70
7.5 Assessment of bridge, tunnel and culvert condition (BCI) ··· 74
7.6 Assessment of traffic safety device condition (TCI) ··· 75
7.7 Comprehensive assessment ······························· 75
Appendix A Tables for highway condition survey and inspection ·· 76
Appendix B Calculation of pavement bumpiness ·············· 77
Appendix C Method for determining the standard value of pavement deflection ·································· 78

1 总 则

1.0.1 为加强公路养护管理工作,科学评定公路技术状况和服务水平,促进公路技术状况检测和评定工作的科学化、规范化和制度化,本标准在行业标准《公路技术状况评定标准》JTG 5210—2018 和上海市工程建设规范《公路技术状况评定规程》DG/TJ 08—2095—2012 的基础上,保持其评价体系不变,根据本市公路养护长效管理的需要,补充和细化部分评价内容,提高部分评价指标,提高和细化检测频率要求,明确了本市公路技术状况评定的操作内容。

1.0.2 本标准适用于本市各级公路,包括按技术等级划分的高速公路、一级公路、二级公路、三级公路、四级公路以及按行政等级划分的国道、省道、县道、乡道、村道和专用公路。目前本市公路网中沥青路面和水泥混凝土路面占绝大多数,砂石路面占比很低,因此本标准主要针对沥青路面和水泥混凝土路面。

本标准评定内容有路基、路面、桥隧构造物和沿线设施,不包括各类机电设备。机电设备评定可采用现行行业标准《公路工程质量检验评定标准 第二册 机电工程》JTG 2182 的方法。此外,人行道评定可采用现行行业标准《城镇道路养护技术规范》CJJ 36 的方法,雨水管道评定可采用现行行业标准《城镇排水管道检测与技术评估技术规程》CJJ 181 的方法。

1.0.3 公路技术状况检测数据,除了用于本标准规定的公路技术状况评定外,还应充分利用其数据资源和评定结果,通过路面管理系统分析养护需求、科学编制公路养护规划和计划,实施预防养护和全寿命周期费用管理,提高公路养护管理的技术能力和水平。

2 术 语

2.0.1 公路技术状况指数 MQI 的意义:一是公路技术状况评定的综合技术指标,代表的是一个多层次的指标体系;二是公路资产各主要组成部分技术状况的客观描述;三是公路技术状况等级评定的基础。

2.0.3 为保持与公路技术状况指数 MQI(highway maintenance quality indicator)英文名称的一致性,本标准将上海市工程建设规范《公路技术状况评定规程》DG/TJ 08—2095—2012 中的路面使用性能指数 PQI(pavement quality or performance index)变更为路面技术状况指数 PQI(pavement maintenance quality index)。

3 公路技术状况评定指标

3.0.1 依据行业的习惯与传统,本标准调整了公路技术状况评定内容的表述顺序,调整后的顺序为路基、路面、桥隧构造物和沿线设施。

3.0.2 根据公路技术状况自动化检测的技术能力、我国公路养护管理的实际需求和国际上公路技术状况指标体系的构成情况,本标准新增了路面跳车指数和路面磨耗指数两项技术指标。

4 公路技术状况评定等级

4.0.1 表4.0.1的"优、良、中、次、差"为公路技术状况的五个评定等级,表示公路技术状况从好到差的状态。

4.0.2 表4.0.2的"优、良、中、次、差"为路基、路面、桥隧构造物及沿线设施的技术等级。以路面为例,"优"表示路面平整,路面没有或有少量裂缝;"良"表示路面基本平整,有一定数量的裂缝和少量变形类损坏;"中"表示路面平整度不良,路面上有较多的裂缝和变形类损坏;"次、差"表示路面上同时存在功能性损坏和结构性损坏,路面上有大面积的裂缝类、变形类及其他类损坏。路面结构性修复、功能性修复及预防性养护方案,需要统筹考虑路面技术状况、路面结构、养护历史、技术等级、交通轴载、用户费用、资金投入等多方面因素,基于路面管理系统,通过全寿命周期费用分析科学决策。

  基于多年路面检测数据的研究分析和试验验证,本标准调整了两项路面技术指标的等级划分标准,将高速公路路面损坏状况指数PCI"优"的等级划分标准调整为PCI≥92,"良"的等级划分标准调整为80≤PCI<92,"中、次、差"的等级划分标准保持不变;将水泥混凝土路面行驶质量指数RQI"优"的等级划分标准调整为RQI≥88,"良"的等级划分标准调整为80≤RQI<88,"中、次、差"的等级划分标准保持不变。

5 公路损坏分类

5.1 路 基

5.1.2 根据路基构造物损坏对路基技术状况的影响程度,本标准调整了路基构造物损坏程度的划分标准。

表 5.1.2-1 中的路缘石缺损包括所有类型的路缘侧石和平石的缺损。

表 5.1.2-1 中的排水不畅(重)包括路基排水系统无法连接到边沟、排水沟、截水沟、雨水进出口等外部排水系统。

表 5.1.2-2 中将路肩损坏细化为 23 小类,按损坏程度又分为 28 项,所有的路肩损坏(轻)和路肩损坏(重)分别对应表 7.3.1 中的路肩损坏(轻)和路肩损坏(重)两项。

5.2 沥青路面

5.2.1 本标准沥青路面损坏分类和严重程度分级与行业标准《公路技术状况评定标准》JTG 5210—2018 基本一致,仅增加了"翻浆"一项,分为轻、重两项。注意:本标准对"翻浆"的定义不同于传统的冻融翻浆,是指路面基层或路基在水作用下产生浆液、冒出路表,并逐渐发展产生路面的不均匀起伏或龟裂、坑槽等损坏,这是本市公路沥青路面较为常见的损坏。

5.2.2 表 5.2.2 在上海市工程建设规范《公路技术状况评定规程》DG/TJ 08—2095—2012 表 4.1.2 的基础上,根据行业标准《公路技术状况评定标准》JTG 5210—2018 第 5.2 节中的相关规定,对沥青路面损坏的定义、分级指标及计量方法进行了调整。

表5.2.2其他类损坏中沥青路面修补,实质上是修补的"补丁",该指标用于反应路面的历史修复状况。

5.3 水泥混凝土路面

5.3.2 表5.3.2在上海市工程建设规范《公路技术状况评定规程》DG/TJ 08—2095—2012表4.1.4的基础上,根据行业标准《公路技术状况评定标准》JTG 5210—2018第5.3节中的相关规定,对水泥路面损坏的定义、分级指标及计量方法进行了调整。

5.4 桥隧构造物

5.4.3 根据现行行业标准《公路隧道养护技术规范》JTG H12,将S类隧道、B类隧道、A类隧道(有危险)评定方法调整为一、二、三、四、五类隧道评定方法。

5.5 沿线设施

5.5.2 沿线设施损坏分类基本沿用行业标准《公路技术状况评定标准》JTG 5210—2018的相关规定,删除了原规程中收费设施管理不善、服务区设施管护不善、摄像系统故障、照面设施故障、泵站设施损坏以及绿化管养不善中病虫害六项。

6 公路技术状况检测与调查

6.1 一般规定

6.1.2 路面结构强度为选择性抽样检测指标,主要用于养护工程辅助决策,不参与PQI评定。

6.1.5 明确定义检查单元,这是公路技术状况检测或调查的基本单元。

归并检查路线两端非整千米段是为了便于记录、汇总,但因为检查单元中大于1 000 m部分的损坏数据应按规定计入相邻检查单元的0 m~100 m或900 m~1 000 m段,因此归并的非整千米段不宜过长,否则影响损坏数据分布精度。

规定桥梁、隧道、涵洞归入其中心桩号所在的检查单元,主要考虑到桥梁、隧道、涵洞的全长可能不在同一检查单元,而其中心桩号是唯一的。对于长度过千米的特大桥梁、特长隧道,超过一个检查单元的长度,应由行业管理部门制定专项检测计划。对于连续长度数千米甚至数十千米的桥梁、隧道的划分,应由行业管理部门根据特定对象制定专项标准。

6.2 路基技术状况检测与调查

6.2.1 随着路基检测技术的进步,部分路基损坏类型,如路肩损坏、路缘石缺损、路基沉降等可采用自动化设备快速检测。其他类型损坏应进行人工实地调查,并辅以便携设备进行现场调查记录,所有调查数据应输入相关的管理系统进行评价计算、汇总、分析,并自动生成相关报表。

6.3 路面技术状况检测与调查

6.3.1 不适宜自动化检测的路线或路段可采用人工调查方式，人工调查宜采用便携设备。便携设备是指具有可现场记录和现场实时无线数据传输功能的便携式装置，包括移动终端等。

所有基于自动化检测设备的原始检测数据包括路面损坏（裂缝、破损图像等）、平整度、车辙、路面跳车、横向力系数、路面磨耗、弯沉都应尽可能以高密度（10 m～20 m）长期保存。

6.3.2 路面技术状况自动化检测与评定指标的对应关系见表1。

表1 路面自动化检测指标与评定指标对应关系

编号	检测指标	评定指标
1	路面破损率 DR	路面损坏状况指数 PCI
2	国际平整度指数 IRI	路面行驶质量指数 RQI
3	路面车辙深度 RD	路面车辙深度指数 RDI
4	路面跳车 PB	路面跳车指数 PBI
5	横向力系数 SFC	路面抗滑性能指数 SRI
6	路面构造深度 MPD	路面磨耗指数 PWI
7	路面弯沉 l	路面结构强度指数 PSSI

6.3.3 现行国家标准《多功能路况快速检测设备》GB/T 26764和现行行业标准《公路路面技术状况自动化检测规程》JTG/T E61对于路面技术状况自动化检测有明确规定，本标准直接引用。

6.3.5 在人工检测时应记录检测单元内道路全部损坏类型，为避免重复扣分，本标准规定同一位置存在多种路面损坏时，应计最大权重的路面损坏。

6.3.6 根据路面平整度自动化检测技术的普及情况，本标准删除了路面平整度人工检测的有关规定。

6.3.7 为减少对公路正常交通运营的干扰，节省检测费用和资源,在检测路面车辙时,应考虑与可快速检测的路面损坏、路面平整度等指标结合起来,用多功能快速检测设备统一检测。

6.3.8 为与其他路面检测指标保持一致,本标准规定路面跳车自动化检测的统计长度为 10 m。

6.3.9 为与二选一指标路面构造深度 MPD 保持一致,本标准规定横向力系数 SFC 的统计长度为 10 m。

6.3.11 根据现行行业标准《公路路面技术状况自动化检测规程》JTG/T E61 的规定,本标准规定路面磨耗自动化检测位置为检测车道的左轮迹带、右轮迹带及无磨损的车道中线或同质路肩,MPD 的统计长度为 10 m。

6.4 桥隧构造物技术状况检测与调查

6.4.1 随着桥隧构造物检测技术的进步,部分桥隧构造物损坏类型,如桥隧构造物的裂缝深度及宽度、钢筋位置及保护层厚度等均可通过自动化设备检测。

6.4.2 现行行业标准《公路桥梁技术状况评定标准》JTG H21、《公路隧道养护技术规范》JTG H12 和《公路桥涵养护规范》JTG H11 对于桥梁、隧道、涵洞的检测与调查有明确规定,本标准直接引用。

6.5 沿线设施技术状况检测与调查

6.5.1 随着沿线设施检测技术的进步,部分沿线设施损坏类型,如防护设施缺损、标志缺损、标线缺损等均可通过自动化设备快速检测。

其他类型损坏应进行人工实地调查,并辅以便携设备进行现场调查记录,所有调查数据应输入相关的管理系统进行评价计算、汇总、分析,并自动生成相关报表。

6.6 检测与调查频率

本节在上海市工程建设规范《公路技术状况评定规程》DG/TJ 08—2095—2012 第 5.4 节的基础上,部分取消了依据行政级别等级的检测与调查的频率与密度划分方式。

根据行业标准《公路技术状况评定标准》JTG 5210—2018 第 6.1.4 条的相关要求,结合本市公路管理需求和自动化检测设备的技术性能,对本市各级公路的路面、路基和沿线设施的技术状况检测、调查的频率作了详细规定,相对《公路技术状况评定标准》JTG 5210—2018 部分提高了要求;规定的检测、调查频率为最低检测、调查频率,有条件时可根据实际需要,适当增加部分指标的检测、调查频率,确保公路技术状况的变化能被及时掌握。

6.6.2 主要行车道是指单车道全幅路面、双向双车道混合行驶的全幅路面、双向双车道分道行驶的上行或下行车道、双向四车道分道行驶的外侧车道、双向六车道分道行驶的中间车道、双向八车道及以上分道行驶的中间两个或多个车道。

6.6.9 对桥梁、隧道和涵洞的各类检查,行业均明确规定了检查频率与范围。桥隧构造物技术状况评定主要依据定期检查确定的技术等级,应采用最新技术状况评定结果。

7 公路技术状况评定

7.1 一般规定

7.1.1 公路技术状况评定以检查单元为基本评定单元；检查单元的确定应与路面管理系统(CPMS)的管理路段划分结合起来。

7.1.2 本条规定了公路技术状况评定的顺序。

7.1.3 根据公路技术状况评定结果统计需要，本标准新增了优等路率、优良路率和次差路率三项统计指标。优等路率为优等路长度与总评定长度的百分比；优良路率为优良路长度与总评定长度的百分比；次差路率为次差路长度之和与总评定长度的百分比。

7.2 公路技术状况(MQI)评定

7.2.1 公路技术状况指数 MQI

本标准调整了公路技术状况四个分项指标在式(7.2.1)MQI中的顺序，调整后顺序为路基技术状况指数 SCI、路面技术状况指数 PQI、桥隧构造物技术状况指数 BCI 和沿线设施技术状况指数 TCI。

本标准 MQI 的评价评价计算式(7.2.1)相比行业标准《公路技术状况评定标准》JTG 5210—2018 的式(7.2.1)增加了分母，SCI、PQI、BCI 和 TCI 在 MQI 中的权重未变。

当同一检查单元的 PQI、SCI、BCI 和 TCI 均未缺项时，分母为1；但实际情况中往往有缺项(比如某一检查单元中没有桥隧构造物而不存在 BCI)，此时不考虑分母计算的 MQI 失真；同时规定

PQI 缺项时应视为未评价路段,因为 PQI 缺项时的 MQI 没有代表意义;关于各管养区域评价路段的里程比例按行业相关规定。

7.2.3 为规范 MQI 及各级分项指标评定工作,本标准规定评定结果保留两位小数。其中,当评定结果为 0 和 100 时,表示为整数。

7.3 路基技术状况(SCI)评定

7.3.1 路基技术状况指数 SCI

重度边坡坍塌有可能影响交通安全。本标准规定影响交通安全的重度边坡坍塌,其评定单元的 MQI 值应取 0。

本标准对 SCI 的评价计算式(7.3.1)和表 7.3.1 进行调整,与行业标准《公路技术状况评定标准》JTG 5210—2018 的式(7.3.1)和表 7.3.1 保持一致。

7.4 路面技术状况(PQI)评定

7.4.3 路面技术状况指数 PQI

本标准新增了路面跳车指数 PBI 和路面磨耗指数 PWI 两项指标,对应的权重均为 0.10。其中,路面抗滑性能指数 SRI 和路面磨耗指数 PWI 为二选一指标。

水泥混凝土路面表面刻槽可能导致 MPD 检测数据无效,本标准规定有刻槽的水泥混凝土路面不进行 PWI 评定。

7.4.5 沥青路面、水泥混凝土路面的路面损坏状况评价模型 PCI 的计算式(7.4.5-1)、式(7.4.5-2)的规定相比《公路技术状况评定规程》DG/TJ 08—2095—2012 的式(6.2.2-2)、式(6.2.2-3)参数 a_0 和 a_1 发生改变,与行业标准《公路技术状况评定标准》JTG 5210—2018 的式(7.4.5-1)、式(7.4.5-2)保持一致。PCI 与 DR 对应关系见表 2。

表 2 PCI-DR 对应关系

PCI	90	80	70	60
$DR_{沥青路面}$	0.4	2.0	5.5	11.0
$DR_{水泥混凝土路面}$	0.8	4.0	9.5	18.0

沥青路面和水泥混凝土路面损坏的换算系数，为用于机器自动识别的各类路面损坏权重。

现行行业标准《公路路面技术状况自动化检测规程》JTG/T E61 中 T 0974 路面裂缝自动化检测方法规定，用于计量路面裂缝的网格标准尺寸为 0.1 m×0.1 m，其他类型的路面损坏需参照该规定。

条状修补为纵向裂缝和横向裂缝等的灌缝修补措施，以长度(m)为单位。块状修补为车辙、坑槽等的处治措施，以面积(m^2)为单位。

7.4.6 沥青路面、水泥混凝土路面的路面行驶质量评价模型(RQI)的计算式(7.4.6)相比上海市工程建设规范《公路技术状况评定规程》DG/TJ 08—2095—2012 的式(6.2.2-4)参数 a_0 和 a_1 发生改变，与行业标准《公路技术状况评定标准》JTG 5210—2018 保持一致。沥青路面、水泥混凝土路面的路面行驶质量评价模型 RQI 采用了相同的模型结构和变量 IRI，本标准式(7.4.6)的规定与行业标准《公路技术状况评定标准》JTG 5210—2018 的式(7.4.6)保持一致。

式(7.4.6)计算时，国际平整度指数 IRI 应取相应检查单元中所有 IRI 检测值的算术平均值。

RQI 与 IRI 对应关系见表 3。

表 3 RQI-IRI 对应关系

RQI	90	80	70	60
$IRI_{高速、一级公路}$	2.3	3.5	4.3	5.0
$IRI_{其他等级公路}$	3.0	4.5	5.4	6.2

对不具备自动化快速检测条件的较短路段,可采用 3 m 直尺进行路面平整度检测;3 m 直尺的大间隙 h 与 RQI 无严格对应关系,可按下列近似公式进行换算:

$$RQI = 110 - 5h$$

注:值域为 $0 \sim 100$,

h 取所有检测值平均值(mm)。

7.4.7 随着重载交通的快速增长和渠化作用的加剧,车辙已经逐渐成为我国公路沥青路面损坏的主要形式之一。本标准路面车辙损坏评价的模型结构 RDI、变量 RD 和模型参数与行业标准《公路技术状况评定标准》JTG 5210—2018 的相关规定保持一致,对 RDI 的模型结构和模型参数进行了调整。

式(7.4.7)计算时车辙深度 RD 应取相应检查单元中所有 RD 检测值的算术平均值。

表 7.4.5-1 中的路面车辙损坏适用于人工调查。高速公路和一级公路路面车辙采用自动化设备检测,路面车辙深度指数 RDI 单独评定,表 7.4.5-1 中的路面车辙损坏不再重复计算。

RDI 与 RD 对应关系见表 4;RDI 的值域为 $0 \sim 100$。

表 4　RDI-RD 对应关系

RDI	100	95	90	75	60	0
RD(mm)	0	5	10	15	20	$\geqslant 40$

注:表中定义的路面车辙为深度大于或等于 10 mm 的轮迹带纵向带状辙槽,对应的 RDI 为 90;在 RDI 的评价计算中车辙深度按实计,不同于 PCI 调查中深度小于 10 mm 时不作为路面损坏。

7.4.8 路面跳车指数 PBI 是衡量路面跳车程度的指标。本标准路面跳车程度评价的模型结构 PBI 和模型参数与行业标准《公路技术状况评定标准》JTG 5210—2018 的相关规定保持一致。

路面跳车影响因素包括水泥混凝土路面的错台,沥青路面的坑槽、拥包、沉陷、波浪,井盖突起或沉陷,路面与桥隧构造物异常连接等。本标准主要关注路面与桥隧构造物等异常连接引起的跳车。

路面跳车指数 PBI 是路面跳车数和路面跳车程度(轻度、中度、重度)的函数,路面跳车程度与路面纵断面高差相关。

7.4.9 路面抗滑性能指数 SRI 是衡量行驶安全条件的主要指标之一。本标准路面抗滑性能评价的模型结构 SRI、变量 SFC 和模型参数与行业标准《公路技术状况评定标准》JTG 5210—2018 的相关规定保持一致。式(7.4.10)计算时横向力系数 SFC 应取相应检查单元中所有 SFC 检测数的代表值,代表值的计算方法应按行业标准《公路工程质量检验评定标准 第一册 土建工程》JTG F80/1—2017 附录 L 的规定。SRI 与 SFC 对应关系见表 5。

表 5 SRI-SFC 对应关系

SRI	100	90	80	70	60	37.2
SFC	∞	48.17	39.66	33.41	27.46	0

注:SRI 为百分制,但值域并不严格;当 SFC 趋近∞时,对应 SRI 为 100;当 SFC 为 0 时,对应 SRI 的最小值为 37.2。

7.4.10 路面磨耗指数 PWI 是衡量路面磨耗程度的指标。本标准路面磨耗程度评价的模型结构 PWI 和模型参数与行业标准《公路技术状况评定标准》JTG 5210—2018 的相关规定保持一致。

路面磨耗指数 PWI 是行车道三线位置(左轮迹带、右轮迹带及车道中线)路面构造深度最大差值的函数,用于描述路面表面磨损状况。路面构造深度的基准值为无磨损的车道中线路面构造深度检测数据。车道中线路面表面有明显磨损时,可以采用同一断面同质路肩的路面构造深度检测数据为基准值。交工验收时的路面构造深度检测数据也可以作为路面构造深度的基准值。

7.4.11 对路面结构强度采用了抽样检测与评定的方法,主要考虑是全面、系统、大规模路面结构强度检测的时限要求。本标准对路面结构强度评价的模型结构 PSSI、变量 SSR 和模型参数与行业标准《公路技术状况评定标准》JTG 5210—2018 的相关规定保持一致,将上海市工程建设规范《公路技术状况评定规程》DG/TJ 08—2095—2012 中的路面结构强度系数 SSI 调整为路面结构强度系数 SSR,意义不变。式(7.4.11-1)和式(7.4.11-2)计算时实测代表弯沉 l 应取相应检查单元中所有 l 检测数的代表值,代表值的计算方法应按行业标准《公路工程质量检验评定标准(土建工程)》JTG F80/1—2017 附录 J 的规定。PSSI 与 SSR 对应关系见表 6。

表 6 PSSI-SSR 对应关系

PSSI	100	90	80	70	60	5.984
SSR	∞	0.9541	0.7978	0.6940	0.6088	0

注:PSSI 为百分制,但值域并不严格;当 SSR 趋近∞时,对应 PSSI 为 100;当 SSR 为 0 时,对应 PSSI 的最小值为 5.984。

7.5 桥隧构造物技术状况(BCI)评定

7.5.1 本标准 BCI 的评价计算式(7.5.1)与行业标准《公路技术状况评定标准》JTG 5210—2018 的式(7.5.1)保持一致,并根据上海市工程建设规范《公路技术状况评定标准》JTG 5210—2018 表 7.5.1 对本标准表 7.5.1 进行调整。

BCI 评价的前提是桥梁、隧道和涵洞技术等级评定数据有效、准确,桥梁、隧道和涵洞技术等级评定应符合现行行业标准《公路桥梁技术状况评定标准》JTG H21、《公路隧道养护技术规范》JTG H12 和《公路桥涵养护规范》JTG H11 的相关规定。BCI 评定应采用按规定时限进行的最新检测数据和评定结果。

对同一检查单元中存在 2 座及以上桥隧构造物时,应按表 7.5.1 规定累计扣分;但在进行 BCI 的评价计算时,规定值域为 0~100,亦即在同一检查单元中桥隧构造物损坏的累计扣分大于或等于 100 时,该检查单元的 BCI 为 0,不出现负值。

7.6 沿线设施技术状况(TCI)评定

7.6.1 本标准调整 TCI 的评价计算式(7.6.1)与行业标准《公路技术状况评定标准》JTG 5210—2018 的式(7.6.1)保持一致。本标准表 7.6.1 相对于 JTG 5210—2018 的表 7.6.1 对第 5 项内容进行细化,并相应的对各项权重进行了调整。在进行 TCI 的评价计算时,规定值域为 0～100,亦即在同一检查单元中任何一类沿线设施损坏的扣分或若干类沿线设施损坏的累计扣分大于或等于 100 时,该检查单元的 TCI 为 0,不出现负值。

7.7 综合评定

7.7.1 明确对检查单元 MQI 计算确定要求,与行业标准《公路技术状况评定标准》JTG 5210—2018 第 7.2.2 条和第 7.2.3 条规定的路段 MQI 要求是一致的;取消了对非整公里段的 SCI、BCI 和 TCI 三项指标的实际扣分均应换算成基本评定单元扣分的要求,因本标准第 7.7.2 条规定检查路线的 MQI 采用里程加权平均值,已考虑了可比性要求。

7.7.2 规定对检查路线 MQI 计算时,先按上、下行分别统计 MQI 的里程算术平均值,然后将上、下行结果的平均值作为评定路线或路段(既某路线在某管养区域的路段)的 MQI。

附录 A 公路技术状况调查及评定表

A.0.1 采用便携式路况数据采集仪进行路基损坏现场调查时，调查数据应输入相关管理系统，自动生成表 A-1。

A.0.2，A.0.3 用于检查单元的路面损坏实地调查，无论采用自动化的快速检测方法或采用便携式路况数据采集仪进行人工现场调查，检测调查的数据均应输入相关管理系统，自动生成表 A-2 和表 A-3。

A.0.4 桥隧构造物应直接采用确定的桥梁、隧道和涵洞技术等级输入相关管理系统，自动生成表 A-4。

A.0.5 采用便携式路况数据采集仪进行沿线设施损坏现场调查时，调查数据应输入相关管理系统，自动生成表 A-5。

A.0.6 表 A-6 用于按检查路线汇总各检查单元的各项技术状况评定结果，由相关管理系统根据该检查路线所有检查单元的表 A-1～表 A-5 自动生成。

A.0.7 表 A-9 用于汇总管养区域内各检查路线的技术状况评定等级，由相关管理系统根据该管养区域内各检查路线表 A-6 自动生成。

A.0.8 表 A-8 用于汇总管养区域内各检查路线的路面技术状况评定计算结果。

附录 B 路面跳车计算方法

B.0.1 本标准采用 10 m 路面纵断面高程作为路面跳车计算依据。10 m 路面纵断面高程需要通过数据预处理剔除桥梁伸缩缝等处可能存在的异常高程值,消除路面纵坡对路面纵断面高差计算的影响。

附录 C 路面弯沉标准值计算方法

C.0.3 新改建沥青路面结构设计使用年限应符合现行行业标准《公路沥青路面设计规范》JTG D50 的相关规定。

C.0.4 沥青路面结构性修复设计年限应符合现行行业标准《公路沥青路面养护设计规范》JTG 5142 的相关规定。